中内功
日本商业圣手

[日] 石井淳藏 著

卢玥彤 译

理想に燃えた流通革命の先導者

新星出版社　NEW STAR PRESS

NAKAUCHI ISAO
Copyright © 2017 by Jyunzo ISHII
First published in Japan in 2017 by PHP Institute, Inc.
Simplified Chinese translation rights arranged with PHP Institute, Inc. through Beijing Hanhe Culture Communication Co., Ltd
Simplified Chinese edition copyright © 2019 New Star Press Co., Ltd.
All rights reserved.
著作版权合同登记号：01-2018-1542

图书在版编目（CIP）数据

中内功／（日）石井淳藏著；卢玥彤译．－－北京：新星出版社，2019.7
ISBN 978-7-5133-3575-1

Ⅰ.①中… Ⅱ.①石… ②卢… Ⅲ.①零售业－连锁超市－商业经营－经验－日本 Ⅳ.① F733.134.2

中国版本图书馆 CIP 数据核字（2019）第 110157 号

中内功

[日] 石井淳藏 著；卢玥彤 译

策划编辑：杨英瑜
责任编辑：杨英瑜
责任校对：刘 义
责任印制：李珊珊
装帧设计：斑 马

出版发行：新星出版社
出 版 人：马汝军
社　　址：北京市西城区车公庄大街丙3号楼　　100044
网　　址：www.newstarpress.com
电　　话：010-88310888
传　　真：010-65270499
法律顾问：北京市岳成律师事务所

读者服务：010-88310811　　service@newstarpress.com
邮购地址：北京市西城区车公庄大街丙3号楼　　100044

印　　刷：北京美图印务有限公司
开　　本：787mm×1092mm　1/32
印　　张：10.5
字　　数：200千字
版　　次：2019年7月第一版　2019年7月第一次印刷
书　　号：ISBN 978-7-5133-3575-1
定　　价：66.00元

版权专有，侵权必究；如有质量问题，请与印刷厂联系调换。

序言

中内功是一个传奇的人。他一手打造了战后的巨无霸企业大荣公司,本人却远远不只是普通的企业家、实业家。这种传奇在《中内功回忆录》(根据御厨贵、松岛茂、中村尚史的采访整理而成。中内功于2005年去世,第二年流通科学大学出版此书)中随处可见。这本回忆录整理收集了中内功晚年时期的想法。

该书最后,御厨贵、松岛茂、中村尚史三人问:"您怎么会想到进行综合性的商业运营呢?"问题本意应该是想问靠"单品至上主义"起家的大荣为什么会扩大商品范围,挑战综合性超市这种高难度产业,以及这个转变背后有着怎样的经济考量。

中内功的回答却出人意料:"因为我看到了美国。它对我来说就像苹果之于亚当和夏娃,是一种原罪。在看到美国之前,我一直以为好好做生意就够了。"

接着中内功讲述了自己从美国考察返回日本途中,在洛杉矶逗留时的经历。他看到房产公司新建的商品房，看到四万美元就能买下加州纽波特海滩旁带栈桥的新房，看到每家都有一艘快艇和两辆车。这听起来似乎是中内功震惊于美国的富足，为了实现这种富足，他开始致力于经营综合超市。

也许实情的确如此，但中内功最后那句"我一直以为好好做生意就够了"背后的潜台词让我浮想联翩：他被经商以外的某种东西迷住了，那是什么呢？我认为是"思想"，美国的富足背后潜藏的"自由和民主主义的思想"。

没有那种思想，他就不会不停地尝试各种挑战，从药店到超市再到综合超市，继而进军城市建设和娱乐行业，更不会发表反对士农工商的政治言论，不会严厉批判战后教育体制并且成立大学……本书的主题自然是"企业家、管理人中内功"，但"思想家中内功"的影子也贯串始终。

按照本系列的一贯方针，本书分为三个部分。第一部分是中内功的"详细传记"，第二部分是"关于中内功的论述"，第三部分"剖析人物形象"，收录了中内功发表过的随笔。下面对各部分加以解释说明。

首先是第一部分"详细传记"。中内功自己写的《流通革命尚未终结——我的履历书》和作家佐野贞一的《天才》等书已经将他的经历描述得非常详尽。本书的创新之处在于聚焦中内功如何在民主主义和自由的时代浪潮中坚持自己的道路，关注大荣的战略扩张和有组织的扩张，还记述了除实业界之外，中内功在政治和教育领域的积极活动。

第二部分和第三部分反映的是笔者的独立思考，需要分别加以说明。第二部分专门讲述了中内功的一次相遇和一次离别。这对中内功、大荣，甚至对日本的流通行业来说，都是重要的转折，令人由衷感慨历史是以人与人之间的联系为契机而发展的。

第一篇论述是《两次"流通革命"——中内功与中内力》，介绍了1969年（昭和四十四年）中内力专务董事退出大荣公司的事件。中内功和中内力兄弟两人于1957年创设大荣，携手将大荣发展为业界首屈一指的综合超市，但是创业10年后，二人对公司发展的基本方针的意见分歧变大。由于始终无法达成一致，中内力最终退出公司。即使是在今天，我们也很难从理论和实践的角度对二人在公司方针上的对立做出是非判断。本篇将深入探讨这些问题点，告诉读者当时还可能存在另外一条"通往流通革命的道路"，同时描绘已经实现的"流通革命"的特征。

第二篇论述是《中内功和河岛博——浪漫主义者和实用主义者》，介绍了20世纪80年代初大荣"V型复苏"。（译者注：大荣内部公司业务进行清盘、出售或合并以争取主要零售业务

日本流通革命的先导者，中内功

出现复苏。）1982年6月，中内功三顾茅庐将从日本乐器制造社（现雅马哈）社长一职退位的河岛博聘请进大荣。随后便将当时处于经营不良状态的大荣复活工作交给了刚入职不久的河岛博。中内功赞扬河岛博的"经营能力"并且对他深信不疑，河岛博也在短期内达到了他的期待。本书将在后面明确说明被称为大荣"V型复苏"的大荣重生过程和河岛博的经营手段。经过分析之后我们发现，在流通界出现转机的情况下，这个时代需要河岛博的能力，同时也表明了中内功式的经营特征与河岛博形成鲜明的对比。

第三部分由中内功的随笔等构成。中内功的著作以其处女作《我的贱卖哲学》为首,数量极多,我们从中选出5篇。中内功在他一生中最好的朋友加古丰彦的葬礼中担任葬礼委员长,在其送给加古丰彦的感人肺腑的话语中,我们选取了能够体现出中内功为人善良的话,以及铭刻在他心中的部分思想深刻的语句。

我是第一次接触像第一部分中的个人传记和时代史的题材,我原以为写历史就像给油画反复上色。在大致了解情况的写作过程中,我发现了新的资料,意识到原以为不重要的资料其实格外重要。我渐渐认识到人们忽略的事情往往具有决定意义,这种情况发生了好几次。

开始写这本书还不到一年半的时间,我总觉得还需要继续反复上色描绘。从这个意义上来说,本书依然还未完成,因为可能还会出现新的资料、新的解释,也会遭到严厉的批评,但那也说明对中内功和中内时代的研究在继续深入,产生了多种多样的讨论。如果本书对您有所帮助,不胜荣幸。

学校法人中内学园流通科学研究所所长石井淳藏

2017年3月

目 录

第一部 详细传记

不断降低商品价格以民主主义思想为基础

一 大荣前史 / 003

二 大荣的创业——流通革命的前夜 / 035

三 流通革命 / 070

四 流通新秩序 / 106

五 不断革命 / 147

六 以民主主义思想向社会发起挑战 / 180

七 一代革命人逝去！/ 221

第二部　论述

谁是"流通革命的先导者"
一次相遇和一次离别

一　两次"流通革命"——中内功和中内力 / 235
二　中内功和河岛博——浪漫主义者和实用主义者 / 258

第三部　剖析人物形象

赶超时代的革命人的余像和
震撼心灵的话语

一　流通革命家的灵魂 / 287
二　作为经营者的姿态 / 296
三　思想家的热情 / 303

谢词 / 318

"企业家中内功"简略年表 / 320
写在 PHP 经营丛书"日本的企业家"系列发行之际 / 324

第一部 详细传记

不断降低商品价格以民主主义思想为基础

一 大荣前史

序 中内功出生的时代
大正时代的记忆

1922年（大正十一年）8月2日，中内功出生于大阪府西城郡（现大阪市西城区），父亲是中内秀雄，母亲是里绘，他是家中的长子。中内功4岁时搬到神户市兵库区，在那里读了小学、初中和高中。之后，中内功参与了残酷的战争，在战后激起了被称作"流通革命"的旋涡，同时他也投身教育事业，最后成立大学。

在详细传记中，我们将追寻中内功的足迹。在此之前，先简单了解一下中内功出生的大正时代到底是一个怎样的时代。这一时代背景和中内功第二次世界大战后的活动不无关系。全书使用公元纪年，只有序使用日本年号。

从现在来看，大正时代大约在一个世纪前且时间很短，只有15年。即使它在人们的记忆中消失也不奇怪，但现在依然会举办以大正奇遇为主题的美术展，现代的电视剧、电脑游戏中也会使用大正时代的情景等，这些都表明了大正时代即使到现在依旧令人怀念。

大正初期到中期是因发扬国威而举国沸腾的年代：取得了日中、日俄两次战争的胜利，和欧美列强比肩，并且日本也是第一次世界大战（大正三年至七年）的战胜国。在此背景下，受欧美影响，富有欧美风情的大众文化以都市为中心蓬勃发展。东京，上野、浅草等商业区繁盛起来。在浅草六区出现了剧场、电影院、歌剧院等，繁华一时。卓别林的带有画外音的电影大获成功，美国式音乐剧"浅草歌剧"也吸引了大批客人蜂拥而至。三越[译者注：三越（TYO）是一家日本百货公司集团，创办于1673年，总部设于东京]在明治三十七年就已提出了《百货商店宣言》。帝国剧场在进入大正时代的前一年即明治四十四年成立,大正时代的帝国剧场在传单上印着"今天帝剧,明天三越"。为了和三越对抗，帝国剧场在高岛屋、松屋、白木屋（后东急百货店日本桥店）相继开店。

这一时期，被称为"阪神现代主义"的独特文化在关西繁荣起来。当时，这一文化的中心在日本最大的商业都市大阪和亚洲最大的港口城市神户的中间地区——在临近大阪湾的美丽的六甲山的南面。当时的设施、住宅有很多都被保留至今，成为历史建筑。

阪急·东宝集团创始人小林一三，就是开启那场现代主义文化盛宴的主要人物之一。在以后会讲到，小林一三是中内功崇拜的经营者，间接地给中内功带来了不少影响。小林一三在明治四十年创立了箕面有马电气轨道，担任专务董事。明治四十三年运行梅田—宝冢·箕面之间的铁路。同年，箕面动物园开业。第二年，宝冢新温泉开业。大正二年，宝冢新温泉举办了妇女博览会。另外，建成丰中运动场，大阪朝日新闻随后在这里主办了全国中学优胜棒球大赛。大正三年，在宝冢新温泉天国歌剧院进行了宝冢少女歌剧团的第一回公演。并且，位于铁路沿线，占地5万平方米，十分开阔的丰中住宅地开始出售。洋房这种高档住宅也因为小林一三的用心，取得了很好的销售成绩。

大正七年，宝冢少女歌剧进入东京，在帝国剧场进行了东京首次公演。大正九年，十三—神户（后上筒井）间的铁路（后改称为阪神急行电铁）开始运行，连接了神户和大阪。梅田站迎来了白木屋百货商场，白木屋分店也在同年开业。大正十四年，宾馆在宝冢开张。直营商场也在梅田的阪急大厦二楼和三楼开业，在商场的四楼和五楼还设有餐厅。这就是被称作世界第一家交通枢纽百货店的阪急百货店的前身。小林一三就这样转眼间激活了宝冢、箕面、神户沿线。

当时住在神户市兵库区的年幼的中内功接触到了小林一三开创的这种文化。对于中内功来说,他很难忘记母亲带他乘坐阪急电车到阪急百货店,在餐厅吃25钱的咖喱饭的事。

"以'每天赚一点钱'的思考方式(此处有删减)把铁道从大阪延伸到宝冢再到神户,开发沿线地带,建立交通枢纽百货店,在餐厅卖咖喱,甚至成立了宝冢歌剧团。"[1]中内功自述着他的回忆和小林一三的伟业。阪急百货店的宣传语是"最好的货以最优惠的价格"。与其说这和后来大荣的宣传语"好货越来越优惠"很像,还不如说是中内功借鉴了小林一三的宣传语。

在大正时代不仅开始了这样的新文化,就连身边的商品也开始加入欧美特色,例如森永、明治的牛奶巧克力,乳酸菌饮料、江琦古力克(译者注:日本制奶糖)的营养果子古力克,丘比特沙拉等。现在看到的这些商品都是在那时开始销售的。寿屋(后三得利)红宝石甜葡萄酒有名的裸体照片广告也是在大正十一年出现的。就这样,在市场中以外来语命名商品和服务的新形式开始广泛出现。说到外来语,在日本出现了公交车女售票员这种以欧美外来语命名的职业,并成为女性们的梦想。随着女性渐渐走向社会,到银座闲逛,在咖啡店喝咖啡开始流行起来。孕育了这种商品和文化的大正时代应该正是我们现在消费文化的起点。我们对大正时代总感觉莫名的亲切和怀念，大概就是因为这个缘故吧。

在艺术方面，新的变化也很引人注目。在美术界，虽然主流是黑田清辉之流的印象派，但是受未来派、达达派的影响，兴起了"大正时代新兴美术运动"。另外，在野团体举办了从官办日本美术展览会中分出的二科展。据井上章一说，在20世纪20年代（大正后期），大众对美的意识有了变化，典型事例是社会大众对女性美的定义发生了改变[2]。

这一时期，在事业开展方面也能看到女性意识（乃至评价女性的意识）有了变化。至今，资生堂仍是将"女性美"作为一贯追求的企业。正是在这个时期资生堂从创业初的药局转型为化妆品厂商。此时，还建造了银座三层建筑，一楼是化妆品香水店，二楼和三楼设有工艺品部、实验室和制造工坊。另外，《妇女之友》（译者注：《妇女之友》是后面会提到的羽仁本子和羽仁吉一夫妇所创的杂志）《主妇之友》等面向妇女的杂志也都是在这一时期创刊的。顺便介绍一下，虽然这两本杂志是有关主妇培养和生活技巧的启蒙杂志，但是《主妇之友》在大正末期的发行量就达到了22万本[3]。

在大正时代，这种前所未有且影响至今的大众消费文化正以都市为中心慢慢萌芽。

大正民主主义

大正时代在政治方面也有显著特点。说起来，大正时代前后的明治时期和战前的昭和时期总给我们很强烈的富国强兵和强权政治的印象。而大正时代给我们的感觉则极其不同。在这个时期，被称为"大正民主主义"的政治社会运动高涨。明治后期到大正末期（也有人将昭和前期也包括进去），在国民中间产生了前所未有的权利意识，追求个人自由的运动在各种领域里展开。在思想方面也有不少和现代相同的地方。

从要求普遍选举的普选制度开始，要求言论、集会、结社自由的运动，以平冢雷鸟创办的青鞜社为根据地的男女平等运动，以及全国水平社（大正十一年创立）发起的部落解放运动，争取劳动者权利的运动等各种政治、社会运动高涨。在这种浪潮中，真正的政党政治也开始了。大正七年，立宪政友会总裁原敬成为首相，后加藤高明继任[4]。

论坛中，为追求民主主义，吉野作造和石桥湛山摆开论阵。尤其是东洋经济新报社总编辑石桥湛山（1884—1973），直接反对当时政府、军部的武力威胁和对外扩张政策，提出放弃满洲、韩国等殖民地的"小日本主义"，信奉"一切责任由民众承担"的民主主义，主张彻底的个人自由和主权在民。战争末期，在秋田县横手市的东洋经济新报继续发刊，在受战败打击的昭和二十年八月二十五日，写下了题为"日本重生的新起点，着实前途无量"的评论[5]。

另外，在教育领域中也出现了新的变化，开展了追求"自由教育"的运动，开始反省教学的单调模式和固定的填鸭式教育方法，和注重孩子的兴趣相比，达到自由教育更符合该运动的目标。因此，在日本各地兴起了以尊重个性、重视儿童的自发性活动、提高个人能力为目标的教育。

这个运动受到了美国实用主义创始人哲学家约翰·杜威的影响。在这场运动中，创立了被视为自由教育圣地的成城学园、自由学园。

成城学园的创始人泽柳政太郎把挖掘每个人具备的内在"天分"，让个性开花作为教育的理想。为实现这个理想，他在成城小学创立时提出了"尊重个性的教育""亲近自然的教育""心情教育""以科学研究为基础的教育"四大纲领。这是大正六年的事情[6]。在大正时代，成城学园相继开办了初中和高中[7]。自由学园是由羽仁本子和羽仁吉一夫妻在中内功出生的前一年即大正十年创立的。以实践基督教精神为基准的理想教育为目标，自由学园的教育理念是倡导"注重自己思考，结合实际，亲身感受，以真正掌握为目标"。实际上，自由学园从创立初期就全面实行学生自治，现在也是由学生组织的委员会管理校园。

以上大致描述了中内功出生的大正时代的特点。与给人紧张印象的明治、昭和前期相比，自由豁达的精神在这个时代交错出现，是个就连生活在现代的我们也感到亲切、有共鸣的时代。

像前面讲述过的那样，中内功在幼年时期就感受到了这个时代的某些精神。母亲带他到阪急百货店吃25钱的咖喱饭，这是中内功童年时期留下的宝贵记忆。或许正是这一机缘，让中内功后来对小林一三充满浪漫色彩的豁达的事业理念表现出强烈的共鸣。于是我们整理了小林一三的经营语录[8]，这个后面再介绍。让我们重新回到中内功出生的时代吧。

1. 在神户市兵库区东出町的生活

"何时能像坂本龙马那样"

中内功的父亲中内雄秀于1916年（大正五年）从大阪药学专业学校（现大阪大学药学部）毕业，成为一名药剂师。同年进入铃木商店，在香皂厂上班，后来辞职，在大阪西城郡开了一家药铺。但是由于经营不善，中内雄秀在父亲工作的神户山悬眼科还做过一段时间的药剂师。

中内功的祖父中内荣的老家在高知县高冈郡中土佐町矢井贺村。中内家原本是长宗我部的旧臣，在江户时代和坂本龙马的坂本家是同乡。中内功以此为自豪，将坂本龙马当作故乡的英雄去仰慕。"虽然有些幼稚，但我在办公室里贴着坂本龙马的照片，把照片上的人当成自己，怀着远大的理想，希望自己有一天也能像坂本龙马一样，把生意做到世界的舞台上去。"这是自传《流通革命尚未终结——我的履历书》（下面简称为《流通革命尚未终结》）中的一句话[9]。后来中内功在神户市西城创立了流通科学大学，他说这是受到坂本龙马在神户创立海军操练所的启发[10]。

祖父中内荣在年轻时离开小渔村进入大阪的医科学校，毕业后举家搬到神户，成为一名眼科医生。中内功的母亲是位于大阪市此花区传法的澪标住吉神社宫司的亲戚。中内功有三个弟弟，都是单名，从大到小依次是博、守、力。"功"这个名字是祖父给起的。不是"功"而是"玏"，"力"上面没有出头是"刀"这个字，不要消沉懈怠的意思。（编者注：因"玏"是"功"的异体字，且国内目前通用的译法为中内功，所以本书还是使用"中内功"这个译名。）

1926年，中内功4岁的时候，中内秀雄利用药剂师资格在神户市兵库区东出町开了一家药局，以其父亲的名字命名为"荣药局"。

在东出町荣药局的生活

药局租的是一个用木造砂浆建造的二层楼，长3间（约3.6米），宽4.5间（约8.1米），呈三角形，越向里越窄。一层是店铺和调剂室，用一层布帘隔开了起居室和厨房。上楼梯后，二层是分别有三张榻榻米和六张榻榻米的两个房间。一家六人居住在使用面积为50平方米的店铺兼住宅里，后来这个建筑被原样搬到流通科学大学里，作为中内功纪念馆保留了下来。东出町的那块地变成了空地，立了一块刻着"荣药局旧址（大荣发祥地）"的小石碑。

中内秀雄开药局的时候，周围是川崎造船所（现川崎重工业）的企业城下町，在这里聚集了全国各地的劳动者。对于出生的周边环境，中内功自己后来这样说道。

昭和二年（1927年）3月，金融恐慌爆发，铃木商店破产，川崎造船厂也开始裁员。抗议队伍的怒吼声响彻了排列着大型起重机的港口城市，手拿佩剑的官兵盛气凌人，让我不禁毛骨悚然。[11]

在中内功开始懂事的年纪，那个年代由于经济萧条，百姓的生活并不轻松。1929年，中内功7岁左右，爆发了以纽约华尔街股价狂跌事件为开端的世界经济大危机，日本国内也发生了"昭和恐慌"。对于自己出生的时代，中内功接着刚才的话说，

"我的人生就在一个灰暗的时代即将到来的压抑氛围里开始了。"

但是,压抑的氛围不只是时代的错,应该还和中内功居住的神户这座城市的性格有关。神户以元町和中内功居住的长田两个地区为中心。长田地区像之前介绍的那样是企业城下町,有很多从冈山、广岛等日本中国地区(译者注:日本的地域之一)来的人。在长子继承制的时代,次子以下只能到神户自己讨生活。

家正好离港口很近,总有向巴西、"满洲"移民的船从港口出发。很多人拿着单程票乘船前往海外。"由于在日本没有工作,找不到工作的人就去地球的另一端,再也不回来。"也有人几乎是连夜出逃前往中国大陆的。中内功在《中内功回忆录》(下面简称为《回忆录》)中说道[12]。据说中内功在小学的时候曾为开往巴西的船摇过旗[13]。

在长田,不仅聚集了从日本中国地区来的人,也聚集了很多从韩国、冲绳来这里打工的人,成为造船所的职工或负责港口的装卸货等工作。周边是神户娱乐街新街市和福源烟花巷。中内功家附近的松尾稻荷神社的尖头福神受到了烟花巷女人们的信奉[14]。

城镇中有各种各样的人。中内功说,到公共浴场里发现那里的男人都有文身。"男人们都刺着俱利伽罗龙王图案的文身,并以此为荣。泡澡身体暖和了后,他们的文身就显现出来了。"

他说,"所以,我以为男人就是要有文身的。"

中内功生活的城镇十分淳朴,在这里的人都充满烟火气。"从这间小店里,我窥探到了动荡的社会。即使被时代捉弄却仍然拼命生活的人们,他们的身影深深印在我的脑海里。"[15] 中内功说道。

心中无悔地离开秋风萧瑟中的学校

1928年(昭和三年),中内功进入附近的神户市立入江寻常小学读书。让人意想不到的是,他的生日本来是8月2日,由于役所的错误,在学籍本上写为2月8日,导致中内功5岁就读了小学。当时,他给家里的药局打下手也是每日的必修课。店里不只卖药,也出售卫生纸、脱脂棉、纱布等生活用品。对中内功来说,销售是每天的日常。让我们通过《回忆录》的文字进一步了解下中内功的学生时代。

1934年中内功升入兵库县立第三神户中学(现长田高校),娱乐街新街市就在上学的路上,不过当然是禁止入内的,但是中内功喜欢背着老师,偷偷逃掉学校组织的辅导跑去看电影、买零食。他升入中学后也继续给店里帮忙。和有健康保险制度的现在不同,当时看医生的费用很高,百姓都得靠城镇的药店买药。对于港口工人来说,身体就是本钱。中内家的药局和港口只隔了一个陈列柜，工人们经常难受地说着"感冒了身子没劲"，"喝多了恶心"，然后花20钱到30钱买些一天服用一次的药。[16]

虽然违法，但中内功好像在父亲忙的时候也帮忙配制药物。乳钵中放入阿司匹林结晶，"咯吱咯吱"地研磨成感冒药，还会被客人称赞说"真有效"。只要有客人来了，父亲中内秀雄即使在吃饭也会多次返回店里。半夜两三点也会被"买药，买药"的敲门声叫醒，就像是履行义务一样去开门。在盂兰盆节、年末、正月里，药店都不休息。

那时的中内功只是觉得每天都能卖出药很不可思议。但是，不可思议也好，别的什么也好，药卖不出去的话，中内家就无法维持生计。以用当天的工资来买东西的客人为对象开店，再用赚的钱买米维持当天的生计。"过着能看到米缸底的贫困生活。"中内功后来说道。[17]

中内功的学生时代也是带有战争色彩的时代。1931年"九一八"事变，1937年日本侵华战争爆发，日本制定了国家总动员法。1939年中内功升入家附近的兵库县立神户高等商业学校（旧神户商科大学，现兵库县立大学），在那里学习贸易，梦想着有一天能在海外一展宏图。

高商时期中内功有一个外号叫"混乱"。中内功说："意思

按照荣药局建造的中内功纪念馆外观

是一个不知道在想什么的怪家伙。"

读过关于青年中内功的各种作品就会发现他不擅长与人交际,更喜欢独处。他在自己的回忆中也说:"我在图书馆阅读各种书籍,既尝试阅读德语原版的歌德《浮士德》,又加入俳句班读俳句,还去杂志班读小说。只有在沉浸到文学世界里的时候才能感觉内心平和。"[18] 因此,怎么看他都像是一个"多愁善感的文艺青年"。

1941年12月7日,爆发了太平洋战争。中内功在上学快要迟到的路上,从米铺柜台上的广播中听到了"帝国陆海军今天(8号)凌晨,在西太平洋和美英军队进入战斗状态"的临时插播新闻。同月27日,神户高等商业学校强制学生提前毕业。中内功在毕业手册上写道"心中无悔地离开秋风萧瑟中的学校"。这句话很好地表达了中内功当时的心情,热血但掺杂着一丝迷茫。

1942年3月,中内功考取神户商业大学(现神户大学)失败。讽刺的是,100人参加只有两人落选。中内功重新和高商的老师商量,在同年4月进入日本棉花公司(现日面)。在《回忆录》中说道:"那时我想要缅甸首都仰光(现首都为内比都)成为一名军队勤杂人员。"中内功出生在国际商业都市神户,从高商毕业后进入综合商社,向往去海外工作,这是当时精英青年的人生。但是,从战后中内功对既有秩序的挑战以及不惧风险的生活方式来看,完全想象不到他曾经看起来是个特别老实的人。

2. 参军,残酷的战场
在满洲的兵役

中内功成为商社职员的梦想很快破灭了。他于1943年(昭和十八年)1月7日入伍,在广岛关东军独立重炮兵第四大队服役,是一名二等兵。高商毕业却作为二等兵入营令他感到有些意外,但是后来才知道在高商时因穿木屐参加军事训练被教官盯上,而得到了较低的评价[19]。

就这样,此后三年半严酷的部队生活极大地改变了青年中内功的生活方式和思考方式。下面,来看看《流通革命尚未终结》中对这个"现实"的描述。

火红的太阳下山,落入广阔的东北平原,中内功被派到更北边的中苏国境。在这片寒冷的土地上,中内功以"关东军特别演习"的名义做守卫工作,练习喊口号,直到把嗓子喊哑。在八角形帐篷搭成的营地里,外面狼群的眼睛闪着绿光。"要是逃跑就成了狼的晚餐。"老兵们的威胁让人胆寒。

中内功所属的部队是重炮部队,重炮即"口径为30厘米的巨大榴弹炮,被称为'⑨',射程为12000米,子弹一发400千克,以毁坏在国境线上的坚固的苏联军碉堡为目的"。中内功是有线通信班的通信兵,从属于本部指挥班,负责炮座和观测所的情报联络工作。他的工作任务是"用三角法预测敌人位置,保证通信,为了铺设通信线,要扛着15千克重的通信线来回走"。

"士兵来自全国各地,十分散漫。周日,老兵在内务班喝酒,眼含杀气,挥舞着刺刀(译者注:该刺刀为明治三十年式刺刀,为日军第二次世界大战期间使用的主要兵器之一)。晚上喊新兵集合打耳光。"过了一年半后的1944年夏天,大队长让第四大队全员在营院列队,宣布转移去南方[20]。中内功不想去南方。他这样描述当时的心情。

"军队要求转战南方,自愿去的,向前一步。"长官命令道。

谁都不想去死亡率很高的南方。但是，当有一个人向前之后，气氛突然变得紧张，长官只好命令"现役兵全体向前一步"。最后，我违背本心向前一步，内心感到极不情愿……[21]

就这样，包括中内功在内的600人前往菲律宾。在那里开始了"生与死只有一步之遥"的生活。

"野火"——在菲律宾的兵役

到达菲律宾比原定时间晚。"八月从釜山出发，我坐的船中途坏了，停靠长崎。只能说是自己运气好。"中内功说道。之所以这么说是因为顺利航行的先发船队在中国台湾南部的巴士海峡遭遇了敌军潜艇的鱼雷攻击，约有20艘船的船队一半都被击沉。[22] 从寒冷的中苏国境到炎热的菲律宾，作战环境大大改变，中内功从伍长升为军曹。中内功所属的比岛派遣第十四方面军（司令官山下奉文大将）的独立重炮第四大队，这是为防卫吕宋岛西北的林加延湾部署的。

1945年（昭和二十年）1月6日，在林加延湾出现了美军的大型舰队，开始了舰炮攻击。9日，美军五个师团共19万人开始登陆。由于美军计算出日军榴弹炮射程，在射程外展开登陆，因此日军无法发射炮弹，只能眼看着敌军建立滩头阵地。美军的攻击很彻底，"由于格鲁曼式舰载飞机昼夜不停地攻击，阵地完全在敌人的制空权下。凝固的汽油弹一夜之间就烧毁了树林,裸露出了山地,我们过着四处逃窜躲避机枪扫射的日子"。[23]

同年1月23日,日军也下令总反击。在阵地放火,下山时将沙滩上剩下的一点食物全部吃光,在喊"突击!"的时候,突然被命令向后方移动,这是撤退的意思。中内功等人潜伏在菲律宾北部的山岳地带,反复夜袭,作战方针转变为尽其所能地减少攻打马尼拉的美军。中内功离开重炮部队被编入了独立混成的第五十八旅团(盟兵团)。6月6日凌晨,中内功作为军曹指挥部下杀入敌战壕,身负重伤。那时的状况如下所述。

敌人扔过来的手榴弹滚到眼前,三秒内就要爆炸,想要捡起来扔回去,但是身子像被绑住了一样,动弹不得,心脏怦怦地狂跳,大脑也停止了思考。就在这一瞬间,手榴弹爆炸了,那一刻像全身都被打了一样,背后的饭盒都是窟窿。我用了突击动作中拔背后军刀的姿势卧倒。如果身子再抬高10厘米的话,全身都会被弹片打中。大腿和手腕的两处伤口,一个劲地往外流血,因为失血过多,我晕了过去。"就要这样画上句号了",记忆像走马灯一样从童年开始闪现。灯泡"啪"地亮起,锅里"咕嘟咕嘟"地煮着牛肉,一家人在吃牛肉火锅。开战以来,我一直过着只能吃地瓜叶的日子。在神户长大的我,每天都期望着在死之前再吃一次牛肉火锅,这个执念把我再次叫回到这个世上。[24]

很偶然地，附近的卫生员用三角巾给我止了血，一个老上等兵用帐篷做了担架收留了我，但由于处在雨季，天气十分闷热，伤口生了蛆，咬食腐烂的肉。自己将腐烂的肉割掉，总算保住了一条命。我想起了大冈升平的小说《野火》里写的那样的战场生活。[25]

"地瓜叶"都吃不到，寄生虫、蚯蚓、蛭……能吃的都吃，也曾把鞋上的皮革泡到雨水里然后放嘴里用力嚼，也曾挑战人类极限的饥饿。那无疑是《野火》中的世界……[26]

尽管无法信任伙伴不敢睡觉，但也只能信任伙伴然后睡去，过着这种挑战极限的生活。8月19日，敌人不再攻击，山下解除了武装，心里才舒了一口气"啊，能活着回去了"。重炮兵611人中复员人员118人。在菲律宾决战中投入超过63万人，48万人战死。[27]

改变人生的部队生活

讲了很多战场上的事情，是因为在写中内功的时候，如果不谈战争就不能理解他这个人。中内功在讲述自身经历的时候，不管是在《流通革命尚未终结》，还是在《回忆录》中，战争时期的事情都占了很大比重。在战场的时间只有三年，是中内功

中内功纪念馆展示面板中放映的战争时期的中内功

人生中很短的时间，却有这样深远的影响。

说些题外话，关于《回忆录》的采访是从2005年（平成十七年）4月开始的。采访者东京理科大学的松岛茂教授等人本想就中内功从前从未讲过的大荣的兴衰进行采访，于是先铺垫说"战争时期的事情简单地讲讲就好"，但中内功没有同意。在盂兰盆节期间，为了采访预约的宝贵的三天时间全都用来讲战争时期的事了。因为在那个秋天中内功就突然去世了，所以原本想问的关于大荣兴衰的话题也就没能问到。[28] 中内功应该是有一定要讲的理由的，但我们无法知道他为什么会这么想。因此，我在写中内功的战后活动时，总觉得不能省略掉战争时期的事。

下面将会讲到中内功的战后工作。从黑市中介开始，中内功所做的事情可不是随随便便就能做到的。青少年时期的中内功还算是平静地生活着。少年时期的他一个人读小说、哲学书，青年时期的他想要在大学毕业后成为商社职员到海外工作。在我看来，战后的中内功和青少年时期的中内功判若两人。在中内功的人生中，军队的三年半决定性地改变了他的人生。

3. 在战后的混乱中谋生
友爱药局开业

1945年（昭和二十年）11月，中内功在停靠鹿儿岛加治木港的军舰"雪风"上复员,作为1000人的从军医疗队的翻译乘船。他在由小学改建的事务所中领取了复员津贴60日元。"战前两日元就能尽情游玩,但回来后一块豆腐都要5日元,命就值12块豆腐钱。这个冲击让我一下子从2年11个月的军队生活中清醒过来。"[29]

千辛万苦回到的故乡神户已是一片废墟,幸运的是家没被毁掉,父母和弟弟也都健在。老家就在川崎造船所的旁边,神奇的是它虽然经历了惨烈的空袭,但基本上完好无损。姑且算保住了住处,但这已经不是一个安静待着就能生存下去的年代了。首先得找一份工作,但是中内功已经不想回战前工作的日本棉花公司了。

老家的店卖砂糖的代用品糖精,生意做得很好。小弟弟中内力说:"原料是退烧药用的非那西汀和尿素等,在药局二楼制造。这是几乎买不到砂糖的年代,加一点就很甜,因此卖得好价钱。"[30]

中内功一边在家里帮忙,一边开始倒卖全国医疗机构投放出的医药品。在三宫和元町建成了黑市,那里异常的热闹且充满活力。中内功说那里除了毒品什么都卖,发生争执是家常便饭,也遇到过好几次危险。据说为了得到糖精,还进行过"浅海取货"。

开始是认识的一个中国人从香港送过来的,但是因为数量太少，所以拜托从香港来的船的船员帮忙走私。托那个中国人在香港大量购买糖精，接着转交给船员。在船要到岸进入神户港之前的浅海时，船员半夜在浅海附近放下浮标，把货抛到海里，所以叫"浅海取货"，雇用的附近的渔船之后会把货捞回来。[31]

这种拿到走私品的方法叫作"浅海取货"，年轻的中内功把这种高风险的工作干得很好。干着马马虎虎的生意的中内功还想到神户经济大学读夜校。1947年，中内功在报纸上看到神户经济大学将开办夜间二课堂，决定去参加入学考试。他想要在大学学习新宪法和战后的新经济结构。中内功犹豫着是继续做黑市买卖还是读大学，最后还是选择入学。但是，可能是心不在大学上，他在1950年退学了。

1948年，由于新《药事法》的规定，街上的医药品生意变得困难。于是父亲中内秀雄自己出资，在元町的高架桥下开了"友爱药局"，由中内功和黑市生意伙伴井生春夫共同经营。这一时期，治疗结核的青霉素和链霉素从驻留军中流出，如果能顺利进到货的话就能卖出很高的价格，这就是友爱药局的主要经营产品。

药局起的"友爱"一名源自以劳动者相互帮助为目的的团体"友爱会"，该团体由有"贫民窟圣人"之称的贺川丰彦担任理事长。贺川丰彦和神户有很深的关系，他是基督教徒，在大正、昭和时期发动过社会运动、劳动运动、无产政党运动、生活协同组合运动，也为神户生协（译者注：神户生协是日本消费者合作社中规模最大的连锁商业企业）的创立做出了贡献。中内功的祖父中内荣作为眼科医生工作的山悬眼科，位于贺川丰彦社会运动的活动据点神户的新川。在那里，中内荣在为移民巴西的人设立的国立海外移民收容所中负责检查眼睛。当时流行沙眼，患有沙眼的人不能移民。[32] 中内家和贺川丰彦之间就有了这样的联系。

从现金批发店到制造业再到零售业

在有朝鲜战争特需的 1951 年（昭和二十六年），父亲中内秀雄在大阪市东区平野町开了批发店"荣药品"，由大弟弟中内博担任社长。在神户东出町的荣药局以消费者为对象，元町的友爱药局经营青霉素等高额药品，荣药品以大阪地区的药局为对象，中内秀雄此时在这三处开展药品事业。他将药品事业全部交给儿子们经营，大儿子中内功负责元町的友爱药局，二儿子中内博为荣药品的社长。中内家的家族企业开始了。

中内秀雄自己在神户东出町的药局配置管理调剂师，每天都去一次荣药品。荣药品从事的现金批发是从资金操控严格的中小厂商、批发商那里以现金购买用来变现的商品，然后分份卖给零售商。

在荣药品,上午来客人的话,首先问一下收购价,再收定金,之后寻找供货商,最后在当天下午交货结算价款。[33] 先卖再进货的经营方法不会吃亏,但是使用不好的话可能会变成诈骗,是非常危险的经营方法。

由于直接从厂商、批发商进货,最好的维生素也可以以市场价格的一半出售,大家纷纷称赞便宜。不仅是零售商,厂商的员工也说比内部购买还便宜,于是都来这里买。荣药品的商圈扩大到冈山和广岛,普通的消费者也蜂拥而至。卖得好的话进货量也随之增加,于是进货价格下降,能卖得更便宜,开始了薄利多销的循环,报纸上也报道称"甩卖鼻祖,荣药品"。

小弟弟中内力在开店的时候还是神户商科大学的学生,但是也帮忙店里的生意。他这样描述当时的生意。

除了在荣药品店铺内进行销售外,还用货车装满药品送到东京神田的药品批发店。送走货车后,晚上八点坐从神户站出发的特急车"银河"到东京,不是坐卧铺车,而是坐硬座,到东京是第二天早上六点。然后再到神田,吃个早饭后,从上午九点开始和神田的现金批发商交涉,卖用货车送来的药。卖不出去的话就去别的批发店,总之,一天内所有的药都能卖完。[34]

当时,同样的药在大阪和东京却有差价。在东京以便宜的批发价就能买到的药在大阪却卖得很贵。因此，他们用刚刚在神田现金批发商那赚的钱，购买东京的价钱更便宜的药，再运到大阪的荣药品。虽然工作很辛苦，但是顺利的话，这样去一趟东京就能赚 10 万日元。"那时上班族一个月的工资只有 7000 日元，所以算是一个大数目。"[35] 中内家不仅中内功，父亲中内秀雄，弟弟中内博、中内力也都很有商业头脑。

这样一来二去，在元町的友爱药局歇业之后，中内功也加入荣药品的经营。1955 年从神户商科大学毕业，在东京银行工作的中内力也参与进来。当时，除了上班族中内守，父亲中内秀雄和其他兄弟三人一起经营着这间现金批发店。在这里，大弟弟中内博担任社长，店里的人都叫中内功哥哥，现金批发业开始发展起来。但是，他们自己知道不能一直这么干下去，归根结底是他们觉得现金批发业已经具备了发展的条件。[36]

第一，厂商具备了称得上过剩的生产设备，商品大量从工厂流出。第二，这些商品的流通还不完备。第三，国家出台并实施了再销售价格维持制度。

具备了这些条件，现金批发业就能充分发挥其功能。但是，按照厂家意愿定价销售的零售商会吃不消，这种不满直接冲击了厂商。厂商不能忽略这个声音，不应对就会失去主要销路。

于是，各厂商接受了零售商的意愿，给商品印上了编号。

看到出售的商品的产品编号，就能知道这个商品的来源渠道，于是就能严厉惩罚现金批发商停止向小批发商发货等行为。

为了对抗此事，荣药品试图消除编号，使小批发商不知道进货渠道。但是，因为商品名有时和印刷编号的文字重叠，导致被一并消除了。由于这是违法行为，1953年荣药品受到了大阪府的停业处分。

因此中内秀雄认为现金批发店不能一直做下去，应该尝试向其他领域进军，中内功首先向制造业发起挑战。中内家不断地尝试各种行业，从零售业到批发业再到制造业。1957年4月，小弟弟中内力创立"大荣药品工业"。从原料厂商那里以钢罐为单位购入碳酸、小苏打，重新包装装进小瓶，制成了简单的漱口水和洗面奶。将大厂家的维生素分成小份，贴上自家的商标销售。另外，他还委托中型制药厂制造维生素等产品，再销售出去。然而，没有名气的维生素根本卖不出去。

工作是从原料厂商那里以钢罐为单位购入碳酸、小苏打，改装进小瓶包装，制成了简单的漱口水和洗面奶。将大厂家的维生素分成小份，贴上自家的商标销售。另外，我还委托中型制药厂制造维生素等产品，再销售出去，然而没有名气的维生素根本卖不出去。要强的我放弃了制造业，开始尝试零售业。[37]

在摸索零售业的道路上已经有在北大阪开了7家店的"樋

口"药店,"一二三堂"也开了4家。但是,中内力判断说:"经营药品和化妆品的药妆店产业链,现在开始也为时不晚。"[38]

于是中内功决定做零售业,他开始在千林寻找店铺[39]。以中内功社长、中内力专务的组合开始了药局生意。在改变了进军制造业的想法以后,仅用五个月的时间就彻底转型,这正是将成为日本最大的零售企业的大荣不为人知的地方。

新婚旅行中也在谈生意的中内功

简单讲讲当时中内功的个人生活。1952年(昭和二十七年)11月,在已经熟悉了荣药品工作的时候,中内功和尾万龟子结婚了,那年中内功30岁,他自己讲了这个事情的经过和其间的小故事。

妻子是冈山县后月郡世家的二女儿。父亲问我"有人要给你介绍对象,你打算怎么办?"于是我决定相亲。但是相亲当天,因为要尽快将购买的药用后拖车送到荣药品,就没去在神户饭店安排的相亲,女方的父母因此十分生气。第二天,总算在大阪的歌舞伎座重新安排了相亲。她在农村长大,脾气很好,长得也是我喜欢的类型,就一见钟情了。但是我在表面上却说"农村来的挺不容易的,我就娶她吧"。[40]

新婚旅行有一周的时间,从神户坐船到濑户内海那边的别府。"因为工作也非常忙,到别府后扔下妻子就去周旋客户,在宾馆里谈生意。第三天,从别府去熊本途经阿苏的时候,正好有趟回神户的火车。我跟妻子说'在这里待着什么也做不了,还是回家吧'就跑去赶火车,妻子也拼命地追了上来,我们坐上火车回到了神户。"[41] "飞着的新婚旅行"并非传闻,而是中内功自己说的。旅行回来的那天早上中内功夫妇就开始了和父母弟弟们的同居生活,可能是现金批发店的工作太忙了,中内功每天一大早就去工作,不得不牺牲新婚生活,完全处于只顾工作的生活状态。[42]

"丈夫每天早出晚归,周末也不在家。几乎不怎么说话也没有共同爱好。"中内功自己在《流通革命尚未终结》中写道,"妻子可能觉得我是非常任性的人。"他对妻子表达感谢说"在这样恶劣的条件下还能不离不弃地跟我 47 年(当时是 2000 年),我能够专心投入工作也是因为有妻子在背后的支持。"然后说道"也是最近才知道妻子曾经说过'最开始就觉得这个人有点奇怪',她觉得我们是一对'不正常的夫妻'。"[43] 中内功真有些大男子主义,但是他们真的是一对默契的夫妻。

注释：

1 中内功（2000），《流通革命尚未终结——我的履历书》（日本经济新闻社）72页。该书原型《中内功我的履历书》2000年1月1日至3月1日共30回连载于日本经济新闻。

2 参照井上章一（1991）、《美人论》（Libro出版社）（1996年朝日新闻出版于文化库）。

3 在《主妇之友》创刊号（1917年3月号）中刊登了新渡户稻造《至感叹老公没有气概的妻子》、安部矶雄夫人的《作为一家十五口主妇的我的日常》，此外有《不孕的我的分娩》《双职工月收33日元的新家庭》《女佣心得（扫除方法）》《主妇的化妆法》等文章。作为当时的时代情况和生活的启蒙杂志出现。封面由日本画家石井滴水负责。

4 成田龙一（2012），《近现代日本史和历史学》（中公新书）p182-p183。

5 关于石桥湛山，有松尾尊兊编（1984），《石桥湛山评论集》（岩波文库）（引用p257），此外还有增田弘（1995），《石桥湛山：自由主义者的精髓》（中公新书）、船桥洋一（2015），《湛山读本》（东洋经济新报社）、半藤一利（2008），《战斗的石桥湛山（新装版）》（东洋经济新报社）等评传。

6 根据成城学园HP。

7 当时担任成城学园主任的小原国芳在昭和时期创立了以全人教育为目标的玉川学园。

8 中内功编（1984），《小林一三经营语录》（diamond出版社）。

9 《流通革命尚未终结》p18。

10 中内功（1997）"口述《龙马的遗产》神户海军操练所和流通科学大学"

《CEO 中内功 Back to the "Basic"》p218-p220（《历史读本》1997年8月号转载）。

11 《流通革命尚未终结》p20-p22。

12 流通科学大学编（2006），《中内功回忆录》（学校法人中内学园流通科学大学）p26。本书可以称为口头传承，根据2005年的采访写成。

13 和桥田寿贺子的对话"新的榜样就是你，中内功。"《女性自身》1994年11月22日号（光村社）p268。

14 《中内功回忆录》p26。

15 《流通革命尚未终结》p20。

16 同上 p22。

17 同上 p23。

18 同上 p25。

19 同上 p25-p28。

20 同上 p28。

21 同上 p28-p29。

22 同上 p29-p32。

23 同上 p32-p33。

24 同上 p32-p33。

25 同上 p33。

26 同上。

27 同上 p34。

28 根据"对松岛茂的采访"（2015年8月10日开始，采访人是作者）。

29 《流通革命尚未终结》p36。

30 中内力（2004），《中内力自传选择——都出自相遇》（神户新闻综合出版社中心）p98。

31 《中内功回忆录》p107-p108。

32 佐野贞一（1998），《天才》（日经BP社）p74-p75。
33 《中内功回忆录》p109-p111。
34 《中内力自传选择》p105。
35 同上 p105-p106。
36 《流通革命尚未终结》p41-p43。
37 《流通革命尚未终结》p44。
38 《中内力自传选择》p44-p45。
39 《中内功回忆录》p119-p120。
40 《流通革命尚未终结》p40。
41 同上 p41。
42 参照城山三郎（1975），《价格破坏》（角川文库）。该书以从医药品现金批发店转型到超市的商人为主人公，是城山的代表作。选取了让人联想到中内的故事，让人觉得是在写当时中内的生活和事业。
43 《流通革命尚未终结》p41。

二　大荣的创业——流通革命的前夜

历史从药店开始

就这样，功、力兄弟在大阪的京阪电铁千林站前的商业街开店了。中内功说："有一个在荣药品做售货员的人的哥哥在千林做药局生意。我在去那看望病人的时候，我就留意到了这个在车站正前方但房租却很便宜的店铺。据说这是个'干什么都不顺利'的地方。"[1] 千林商业街的繁华程度可以和大阪南边的心斋桥比肩。正因为在制造行业遭遇了失败，中内功才会有"在这里生存不下去的话也没有后路了"[2] 的想法。

1957年（昭和三十二年）9月23日，大荣药局千林店开业了。[3] 这是个只有13名职工的30坪（不到100平方米）的店，主要经营医药品，用现在的话来说它就是一家医药品的十元店。提到大荣，最容易让人联想到的是"主妇的店——大荣"这个名字，但是最初只有"大荣药局"这个名字，而被称作"主妇的店"是这年10月以后的事。"主妇的店"这个名称不是大

在大阪千林创业时的样子,中内功的挑战从这里开始。

荣自己起的,而是引用的。当时,"主妇的店运动"(译者注:日本的"主妇的店"运动中,赠予被选中的店"主妇的店"标志)在全国展开,"大荣"也是在这一潮流中诞生的。这是流通革命的前夜。让我们来看一下当时的情况。

在中内大荣出现以前的零售业

所谓流通革命是一些商业创新的复合体,比如"自助""高级购物""连锁经营""进货销售分离""科学的店铺经营""垂直合并"等。其中一些创新在中内大荣出现以前就已经产生了。

意外的是，其中一些是在生活协同组合（下面简称"生协"）中产生的。第二次世界大战后，由于劳动组合的组建和劳动运动的高涨，生协如雨后春笋般诞生。1947年（昭和二十二年），生协已有6503个组合（包括地域生协2044个，职域生协4459个），成员达到了297万人。[4] 1956年，职域生协的八幡制铁购买会在中央区分配所250坪的卖场上开了第一家自助店。[5]

生协本来就是消费者主导的组织，直接和生产者合作，导致介于生产者和消费者之间的商人就变得多余了。基于"商人多余危机"的想法，城镇商人反对生协连锁化的愿望日趋强烈。城镇商人运动随之爆发。

喜多村实就是该运动的主导人之一。他在1952年创立了"社团法人公开经营指导协会"，致力于向日本零售业者普及近代经营管理知识。1957年1月，在当时有"最强生协"之称的鸟取西部生协的本部米子市举办了全国零售业经营者会议。为对抗生协活动，喜多村实呼吁普通零售商参加，最后聚集了来自全国的500名参与者。

在对抗生协的活动中，吉田日出男以讲师的身份对自己的零售业经营做了报告。1956年3月，他在北九州开了日本第一家超市——丸和食品中心，因此请他来报告。听了他的报告后，日本专门店会联盟干部得出的结论称"为了和生协在经营上竞争，我们只有用更低的价格来抗衡了。因此，应该先引入'自助方式'和'综合核算'。"[6]

之后，以喜多村实、公开经营指导协会以及日本专门店会联盟发起了自由连锁的"主妇的店运动"，各地出现了很多"主妇的店"。在1960年前后，全国约有350家。[7]

中内功等人在千林开店是在鸟取县举办了那个会议之后不久。把"主妇的店"加在自己的店名后面能够说明中内功他们赞同"主妇的店运动"。然而，其中关系并没那么简单。

吉田日出男经营的丸和与大荣之间有着深厚渊源。这个我们以后再讲。

大荣药局·千林店开业

千林的大荣药局的名字是大阪的"大"和祖父的名字"荣"的组合，并将"大荣"写成片假名得来的。以片假名命名在当时还很少见。大荣药局吸引顾客的商品是药，按定价的六折到七折销售。神户荣药局薄利多销的方法也运用在这里。因为在京阪电铁千林站北面检票口的正前方，京阪沿线各站的顾客都会到这里来买东西。当时，千林商业街"在周日的时候大约有30万购物者，商业街热闹得几乎都转不动身。"[8]

"店铺快要开业的时候，很多人都非常好奇地问'听说在大阪好像有个地方卖药挺便宜的''什么都卖得很便宜吗'。为了开业宣传，大荣药局把宣传单夹在报纸里，上面只写了商品名和'即将开业'四个字，并没有写价格。"当时在千林店帮助大荣创业起步的末角要次郎说道[9]。

末角要次郎最后成为大荣分公司王冠的社长。他原来和中内功的父亲中内秀雄的关系就很深厚，两人在黑市时代就一起工作，所以他作为助手进入了现金批发店荣药品。他也是从那里被派到千林店的。他调离荣药品后很长一段时间里仍叫中内功大哥而不是社长，也是因为他是从荣药品被调过去的，习惯这样称呼了。[10]

店铺的前期评价很好。实际上，大荣药局第一天的营业额就达到了28万日元。由于保本点是日销售6万日元，因此营业额比预想的高出许多。

发放免费的电影招待券的扩销策略也很成功。每购物100日元以上即送千林松竹影院的电影招待券。当时临近《亦喜亦悲几度秋》的首映日10月1日，他们在这个电影的首映当天和第二天的两天时间里，在每天放映前的上午包下电影院进行特别放映。

开业前一天，末角要次郎负责交涉，要和影院负责人沟通，因此十分忙碌。影院负责人本来是觉得"首映之前无法免费给客人放映"，但由于末角要次郎的一再请求，也就答应了。

招待券准备了2000张，预计"千林松竹影院有367个座位，算上站票能容纳600人，因此两天2000张足够了"。但是没想到第一天就发出了1500张，上映首日，包含站票共有1170人入场。影院负责人说"一直担心二楼的地板塌下来。"[11]

或许是因为这个效果很好，不仅开店首日生意兴隆，而且第二天收入25万日元，第三天24万日元，生意都很好。但是第四天的营业额出现暴跌，跌到十分之一的2万日元左右。

末角要次郎说，原因之一是当时电影招待券的促销作用，效果实在太好了，结果把需求提前用完了。找了一个路过却没进店的客人询问，客人回答说："第一天营业的时候，我把香皂什么的能买的都买了，家里已经没什么要买的东西了。"[12]当时那个顾客还关心到"你家也把今年要用的买够了吧"？虽然这好像在听大阪笑话一样，但是末角要次郎觉得"好像干了什么了不起的事"。

业绩突然下降的原因不只是这个，还有附近强劲的对手——"樋口药店"和"森小路药品店"。这两家店和大荣开始了降价销售的竞争。当时药局组合（译者注：类似于协会的组织）严格遵守合作定价的销售原则。但是，为了对抗大荣，他们特别许可千林地区的药局可以减价销售。[13]

三家店铺之间展开了一天之内多次降价的激烈的甩卖战。末角要次郎说："观察另两家的价格，调整这边的价格。觉得价格可以了，刚点上一根烟要休息一下，去看隔壁的价格发现又降价了，大概就是这种状态。"[14]

大荣刚开店，就被紧追。于是中内力专务就拜托当时的熟人九州丸和超市的阿部久男常务为店铺做诊断。

中内力和九州丸和认识是在某一年的6月。九州丸和那边发来请求称"经营食品许可的九州丸和获得了药品销售的许可，但是由于当地药局的反对进不到药品而十分苦恼。于是想从荣药品买药。另外，由于没有销售药品的经验，所以他希望中内力可以在十天内来小仓帮忙进行开店准备和开店后的指导"。[15]

于是中内力去找九州丸和，住到阿部常务的家中，帮忙进行药品销售的准备。中内力教九州丸和的店员药品的摆放陈列方法，还在三天内做了柜台销售指导。这期间就自然而然地参观了丸和食品店，这给了中内力很大的冲击。

当时的食品店一般最大也就20坪到30坪，但是这家居然有300坪那么大。并且客人可以从架子上随便拿自己喜欢的商品放到篮子中，在出口的收银台一起结账，超市采用了自主销售模式。[16]

当时，在东京青山，纪国屋开始经营超市成为话题，面向驻留美军的家庭，面积有30坪。那么，为什么在九州诞生了真正的超市呢？八幡制铁的劳动组合在市内和周边设立了叫作"分配所"的16家购物店，如之前所说，在购物店中采用自助的方式，实现面向组合成员的低价销售。九州丸和为了对抗此事，就将面对面的销售方式转变为自助销售。[17]

由于这种关系，就请九州丸和的阿部常务来做店铺诊断。阿部认真地巡视了千林商业街和市场，建议他们改装一半的店铺。他说："把一半的店面做成食品店，价格便宜的话客人会光顾。因为从周边的商业街和市场调查来看，即使卖得再便宜也会有利润。"[18]

末角要次郎也听了这个建议。"这个店没有日用品等就近采购品。消费者几乎都是货比三家后才会决定，所以来买东西的频率低。店里不能没有购买频率更高的货物。比如，像和果子那样的东西就不错。"阿部这样建议末角要次郎。[19]

进入10月，中内功等人马上改装店铺。店铺的一半放上货架摆上调味品、罐头、干货等，售价是定价的85%到90%。并且，在入口放置篮子，出口设收银处，从药店变身为超市。然后名字也在丸和食品中心的承认下改成了"主妇的店——大荣[20]。11月开始的和果子销售又大获成功"。末角要次郎说道。

当时，大多数家庭都没有电视，都在矮脚桌上吃饭，吃完饭妻子收拾完之后,矮脚桌就成了空桌子。于是妻子就从点心架上拿来玫瑰和果子,"啪"地放上来,然后夫妻俩坐下一起聊天,孩子也一起听。这是一天中一家人其乐融融的时光,这段时光中玫瑰和果子是不可缺少的。中内功想出这样的理由后便在店里开始销售玫瑰和果子。[21]

11月中旬,从末角要次郎找到的鹤桥制果进购和果子。一斗罐(译者注:约18升的长方罐)的和果子以现金进货,开始论量销售。但是,这个尝试没有马上奏效,花了很多工夫。为了正确熟练地论量销售,店员每晚重复练习如何一把往袋子里放入定量的和果子。比如要200克和果子,如果先往袋子里放太多再往外拿会被抗议"不舒服",所以"开始少放一些,一点点增加,然后在刚刚超过200克一点的地方停下,最后如果说再赠送一些的话,客人的心情会变好"。这是中内力教店员的一些技巧。

也尝试过提前把和果子装进袋子里的方法。"一个一个量又忙又累。午饭只能在柜台站着吃,腰也疼。日本的自助就是从想坐着吃'葱花鸭肉面'这种切实的愿望中诞生的。"中内力说道。[22]

中内功等人花了很多工夫在和果子的袋装销售上,但是进展得并不顺利。末角要次郎说道:"忙的话会直接给装好袋的和果子，但是客人会生气地说为什么给我湿了的和果子。当时只有塑料袋，密封方式也只是把和果子放进去后用订书器'啪嗒'订一下。这种方式时间长了的话和果子会受潮。这件事大阪的客人都知道，他们不会买这样的东西。"[23]

在店里付出了这么多，和果子总算卖出去了。据说在鹤桥制果，从鹤桥到千林8000米的路，靠两辆三轮车一天两回，每辆车的载货架上装大约14~16罐的一斗罐货物。[24] 即使这样也来不及，所以松屋筋町的和果子批发也纳入进货源。

药品也一样进行着细致用心的销售。在没有客人的时候，店员们会外出偷听客人们的谈话。当时，千林商业街是京阪沿线的购物中心。有京阪电车定期券的客人结伴来千林购物，店员就去偷听他们要买什么东西。

要是听到了"我去那边买正露丸，你在这边的肉店等我。"之类的话，就赶紧回到店里通知其他店员，然后客人来到店里的时候已经准备好正露丸等她了。店员面对吃惊的客人回应道："不知道来店里的客人要买什么的话就不用做生意了。"[25] 末角要次郎是大荣不可缺少的老练的商人，也因此受到中内秀雄的信任被派到千林来。

1957年（昭和三十二年）年末的商战，像从来没有经历过开店最初的不顺一样，店铺的势头极好，特别是年末最后的三天。

店里客人接踵而至。12月31日当天的目标是100万日元，到新年的凌晨两点终于突破了目标。据说店内剩下的商品只有三支牙刷。末角要次郎说，虽然有些夸张，但是店里的货都消失了，"那天可以穿过货架一直看到店的最里面"。[26] 中内功从此开始掌握连锁化经营的大方向。

到神户·三宫开店

将千林店经营兴隆后，中内功他们马上在第二年即1958年（昭和三十三年）的12月2日在神户三宫开了二号店，地点在三宫中心街靠山一侧，一个叫铛铛市场的地方。这里从黑市时代开始就一直很繁荣。买下原为仓库的40坪地建造成二层店铺。一楼和千林店一样，20坪为药品化妆品，另外20坪销售食品。[27]

听说这个地方很难正经做生意。第二次世界大战后，这里聚集着临时房屋，流动的小酒馆、鸡素烧、饭团店，是个不夜城，临时工和下班的工薪阶层都到这来喝廉价的酒，因此这里一直很热闹。炸弹（译者注：粗制烧酒的一种）和甲醇横行，不是适合女性来购物的地方。《大荣集团——35年记录》（简称为《35年记录》）中写道。

尽管这里不适合购物，但是"非常便宜"的评价在这个地方广为流传。第一天起客人就蜂拥而至，销售额很快就是千林店的数倍。因此，千林店交给店长末角要次郎，功、力二人来到三宫店。"从上午10点到晚上8点，全员忙得不可开交。午饭也是轮流吃，员工跑去和三宫店只隔着两三家店铺远的拉面店，没有空座，就站着在五分钟之内吃完。真的没有想别的事的时间。千林店也一样非常忙，但是和千林店不一样的是客人们买的东西很多。"中内力说道。[28]

和千林店那时的情况不同，开店后一连好几天店里都像过年一样热闹。因为店铺狭小，在第二年4月暂停营业，搬到了旁边的商业街。新店原来是贸易商社久保田商店的仓库兼放置材料的场地。面积170坪（约562平方米）。但是当时的大荣没有一次性买下整个场地的资金。于是用薄木板做成隔断，先买下其中的100坪，约定剩下的视收入多少决定。

新店一层是卖场，二层是仓库兼事务所。但是，开始营业后二楼也马上变成了卖场。这家店在以后的几年间成为支撑着大荣发展的核心店铺。开店当时，店内天棚荧光灯闪耀，明亮整洁，布置好自助货架。食品、日用杂货堆积得很高，店里有着当时在其他零售店中看不到的崭新氛围。营业额在当年就超过了14亿日元。

当时"看在大丸，买在大荣"的宣传语非常有名。也就是说"百货店是歌舞伎座，是慢慢观看商品的地方，而大荣是裸体剧场，没有虚价的净价格,同样的商品在大荣一定更便宜"。[29]

从1957年9月在千林开店,到1958年、1959年,短短几年大荣的事业内容就发生了很大的变化。内容变化的第一点是刚刚讲过的,从药店转型为超市。契机是1957年7月增加了食品和果子。接着得到了神户三宫的卖场,开始经营生牛肉、苹果、香蕉。

虽说是开始新的经营,但不是肉、蔬菜、水果这种很广的范围,只集中于牛肉、苹果、香蕉这些单品。中内功明确地意识到"单品大量计划销售方式"的概念。

百货店备齐各种商品就会变得很大。连锁店经营单品,比如经营牛肉的话就只在牛肉方面开展全国连锁,计算牛肉的销售量,就能制订出39日元销售牛肉的计划。因此中内功考虑大量计划地销售单品,为了和厂家竞争,必须靠销售单品来对抗。[30]

单品销售好在不用考虑其他多余的事情。比如说,进很多种类的苹果,就需要在摆货之前想好每一类的价格。如果只有一种苹果的话,就按进货的原样摆在柜台就好。香蕉也是,买一箱,一串五根,不用包装,直接放到商店不费任何功夫。即使这样,香蕉一天也能卖到三吨或者四吨。苹果、香蕉和柠檬的日营业额,加起来就超过100万日元。[31]

"单品大量计划销售"的方式既节约人手和时间,又能不花成本赚取高利。"不是歪理，按现在价格的7折以上出售客人想买的商品的话，多少都能卖出去。"[32] 这是中内功的想法。

内容变化的第二点是，采用了"为降价三成，由产地直供"的办法，即不委托运货商，自己去供货地，这一想法和后来的"垂直统合"有联系。内容变化的第二点正是从这三个商品开始，成为中内大荣的基本方式。

其中牛肉大获成功。在战争中做了"吃牛肉火锅的梦"而幸存下来的中内功销售牛肉并大获成功。他们没有新租场地，在自己的卖场里找了一个20坪的地方销售牛肉。当时，牛肉在普通的精肉店的价格是100克60日元左右，但是，在1959年6月，中内功将其以39日元的价格销售出去。

虽说中内功当时也经营食品，但是销售加工食品的药店突然销售生牛肉是很不可思议的事情。需要保鲜管理的牛肉很难在没有保鲜管理设备和技术的店里保存。已经进驻市场、商业街的三宫精肉店的店主们应该也没有想到这么草率的尝试会有结果。但是，尝试成功了！小瞧了他们的精肉店店商们面对这样的成功感到慌乱，于是给进货地的肉商施加压力，不让他们给大荣供货，这样大荣就进不到肉了。在那时，肉商组合还是具备这样的能力的。

一般出现这样的困难可能就关店歇业了，但是大荣三宫店卖得最好的就是牛肉，所以不可能就这样放弃。中内功决定直面这次考验。"肉进不到的话就买活牛"，去神户屠宰场（现神户食用肉中心），直接付1300日元的屠宰费将在旁边家畜市场买的牛做成食用肉，并且打算就这么卖出去。但是，这就是外行的悲哀，要从活牛赚取利益实在太难了。也就是说，只有把牛皮、牛内脏也作为商品出售才能赚到一头牛的利润。即使牛肉能在店里卖出去，但是大荣也没有能卖出牛皮、牛内脏的途径。最重要的是，一天的屠宰数是由皮、内脏的在库数量决定的。"因此，认购皮、内脏这些附属品的地方反倒最有权力决定牛肉的销量。"[33]

就在中内功失去了方向的时候，他幸运地遇到了一个肉商。由于进不到肉，中内功一个人到批发市场去问有没有能给大荣进货的肉商。中内功热情地演说道，今后日本的饮食将会以牛肉为主，即将迎来在超市大量销售牛肉的时代。为此，必须要改变精肉界的行业体制，等等。[34]

他还给其他行业说了许多新的经营理念。听了其理念的肉商之一上田照雄，人称"上照"，成为中内功一生的挚友兼不可替代的合作伙伴。他决定和中内功合伙。但是，他为这个决定失去了他之前拥有的八家客户，也遭受了肉商同行的白眼。即使这样，因为和中内功最初的相遇的交情，上照同意优先给大荣供货。[35]

为什么上照会为刚刚认识的中内功赌上自己的生意呢？中内功后来想到这件事说：一方面大概是因为"时代的风向"，包含国家在内，上照不信任既有势力，而且没有可以依靠的组织。另一方面，当时有很多想通过自己开启新时代的年轻人。[36]

于是，在上照的帮助下中内功顺利进到了商品，三官店的精肉柜台也再次恢复生机，客人们多得几乎要把柜台的玻璃挤碎。货架被拥到食用肉柜台的客人们挤压着，发出"吱嘎吱嘎"的声音。据说曾有三个人压着货柜，把货柜的玻璃都压碎了。年末，三官店甚至在店旁边的空地，以及屋顶上支起帐篷，做成临时摊位。[37]

虽说这样，即使和上照合作，但是没有其他肉商的协助，确保进货量还是很困难的事情。他们只能靠自己的双脚走遍各地去寻找机遇。中内功和上照一起从神户到尾道再到小仓，不断开拓新的销售路径。努力实现苹果、香蕉和牛肉的低价甩卖。做法都一样，采用不经过批发商直接到产地进货的方式。香蕉是中内功亲自到中国台湾寻找进货地，苹果也是到产地青森，直接和当地的批发商交涉。

这三个商品都有着市场和产地距离远的特点。香蕉和苹果进货的物理距离远，香蕉从中国台湾进货，苹果从青森进货。

因此，和从附近的批发商进货相比，不论是从物流还是契约方面来看风险都很大。牛肉有特殊的进货途径，虽然离进货地距离较近，但从达成交易的角度来说距离较远。总之，这三个商品的产地"距离"远，风险高。也就是说，中内功尝试的这三个商品的直接交易方式不是谁都能简单模仿的。

以持续畅销的三宫店为起点

备齐了这些特价商品，三宫店内的所有商品飞快售出。从《35年记录》中找出一些当时在现场工作的几个员工的话。首先是在三宫店开店时入职的员工。

我被分配到了食品部，那种忙的程度让我觉得我进到一个了不起的地方。（此处有删减）商品从仓库运到柜台的路上就被卖完的事情经常发生。因此负责柜台的人会抱怨。[38]

因为员工有单身宿舍，所以真的是从早干到晚。但是在他们看来，中内功是干得最多的。

特别是社长自己经常干活，让我感到吃惊。社长有很大一串钥匙，每天都是早上最早来开店，然后晚上最晚回去。年轻的员工大多一起住在单身宿舍，大家抱成一团一起努力。（此处有删减）总之，生意总是很好。[39]

到了年末商战，店内可以用"惊人"来概括。"在关店后，员工们继续为第二天做准备,工作到12点、1点,处理12～15份的肉,骨头和筋直接扔到地上,结束后堆到腰那么高。"[40] 不管是什么商品,如果卖得便宜的话,周围的厂家、批发店、零售店肯定会来抱怨。大荣也遭到了同样的抱怨。

因为中内功没有一一回应抱怨的时间,所以在事务所的墙上贴了一张纸,表明了大荣的态度。

"为了以最低的价格向消费者提供日用必需品,商人孜孜不倦地努力。这个努力的合理性使售价达到最低,为什么这是不好的呢?"这短短的几句话写出了中内功对鄙视零售业的反驳,以及他认为的近代创新商人该有的形象。[41]

不开"繁盛店"而开连锁店

中内功不仅以便宜的价格出售商品,还考虑到了店的生产性和柜台的效率性。三宫店也是,不仅有上述商品,还新加入了服装和日用品,扩大了商品的种类。1960年(昭和三十五年),鱼和蔬菜也成为经营的商品。从药店到加工食品再到经营生鲜食品,对客人来说,只在一间店里购物成为可能。另外,中内功听取客人的建议,在中元、岁暮设置答谢柜台并安装了空调设备,就这样提高了店和柜台的生产性(每间店的销售额或者每一柜台面积的销售额)。

但是，在此之上重视"进货的经济性"（译者注：使一定时期存货的相关总成本达到最低点的进货数量）是非常重要的。换言之，与追求店内商品种类的平衡相比，更应该在特定商品的大量进货上下功夫。也就是说由此产生"进货的经济性"，可能出现低成本低价格。客人的最高要求应该就在这。

如果经营客人"容易购买的商品"，每位客人的购买额就会上升，店内每坪的效率会得到提高。但是，中内功当时没有过多考虑这些商品种类的效果。为提高单品的进货和销售额，他打算扩大店面，进行连锁化。他只在这一点上留了心。

为千林店的成功做了贡献的商场老手末角季次郎也说，只有中内功想到了连锁化的未来。连锁化愿望正是大荣和其他在当时也很受欢迎的大多数"繁盛店"（译者注：指生意很好的店，以营业额和利润增长为目标）不一样的地方。

"繁盛店"的目标是营业额和利润的增长。当时，热烈地举办了"繁盛店"经营者的交流会。计划进货共同化，互相参观学习和交流销售技巧，为"繁盛店"的维持和发展努力。[42] 渥美俊一后来高度评价了中内功和"繁盛店"相比更注重开展连锁化的这一行为。[43] 是拘泥于"繁盛店"的经营还是以连锁化为目标，虽然看起来只有一点不同，但在以后的发展中会出现很大的差别。

1961年，三宫店扩大的时候，收购了斜对面的电影院京町映剧。旧馆的360坪加上新馆380坪，店铺面积扩大为原来两倍，合计740坪的卖场。旧馆一层经营食品、化妆品、医药品，二层是电器和日用品。新馆一层是男女内衣，二层是女装，地下是儿童婴儿服装。新馆衣服的销售额一天就突破了500万日元。乘着神户三宫店成功的浪潮，中内功开始向在阪神地区开店发起挑战。1961年7月在阪宿开店，8月在西神户开店。这样店铺合计有千林两家，三宫，三国（1960年开业），阪宿，西神户共6家，销售额超过77亿日元，与去年相比销售额倍增。

知天命

大荣按照中内功的想法发展着。但是，中内功仍有些担忧。"乍一看是顺利的，但是这样就可以吗？我有一些担忧。"[44]中内功后来说道。对中内功来说，美国视察成为一个巨大的转机，中内功那些说不清的不安在访美后消失得无影无踪。那之后，中内功将焦点定为零售业并展开经营。我们先来看一下中内功的转机是什么。

中内功作为杂志《商业界》的访美视察团团长参加了在芝加哥举行的全美超市协会创立25周年纪念仪式。这次旅程不仅给中内功带来了他一生都无法忘记的感动，还使他清晰地认识到自己对零售业的使命。他这样叙述当时的感受：

1962年5月12日，那天的心情我一生都不能忘记。那天参加全美超市协会创立25周年纪念仪式，打动我的是当时美国总统J.F.肯尼迪发表的声明。……在声明中肯尼迪强调，美国和苏联的差别在于超市。他说一个人每小时能买到多少东西才是美苏的差别。声明的高潮是他反复强调正是超市Merchandising Method（大量商品开发方式）支撑了美国丰富的消费生活。通过超市实现富足的社会才是全国人民期盼的社会。他对超市的将来表示祝福。我觉得肯尼迪总统充满自信的展望好像是对我的谆谆教导，告诉我应该做什么。声明里的每一句话使我感到眼前清晰，心中深深地觉得，我要走的路就是美国的这条路。那一瞬间我几乎快要流下泪来。[45]

那一瞬间，中内功的身上迸发出了某种东西。

在现在看来大家可能会觉得不可思议，但是在20世纪60年代，由于资本主义制度不完善，日本很多知识分子都认为资本主义早晚会被社会主义取代。很多年轻人和引导他们的第二次世界大战后知识分子相信，不管资本主义如何改良，其尝试总有局限，这个局限只有社会主义才能克服。

事实上，在中内功访美前两年的1960年（昭和三十五年），反对安保改正的政治运动达到最高潮。很多学生和知识分子参加，连日举行大规模游行。参加这个运动的大多数人相信走向社会主义道路是"历史的必然"，严厉批判以自民党岸信介内阁为中心的阻碍这一"历史必然"的势力。社会的思潮是反资本主义。对此，中内功是什么态度呢？他虽然没有站在反体制那边，但是他反对以支配市场的寡头厂商为中心的既有实力，站在处于被动立场的消费者那边。但是中内功对采取这样的态度解释为还没有找到有根据的理论。

访美时中内功听到了肯尼迪提倡将零售流通使命作为工作，并宣扬资本主义具有不可替代的价值。笔者认为，他受到了比谁都大的内心冲击。也就是说，那时中内功"变身为新的自己"了，他找到了自己应该依靠的价值，领悟到了活着的使命，积极地肯定自己的人生态度。

有这样一个故事：渥美俊一在最初认识中内功的时候曾和他彻夜争论。争论中，渥美俊一问中内功，"你为什么要开店？"中内功回答"因为这个最赚钱。"渥美俊一追问到"只是为了赚钱吗？"[46] 这是 1960 年左右中内功还年轻时的对话。虽然这种带有抬杠感觉的话应该不是中内功的本心，那时他应该还没有把关于事业的话咽到肚子里去的想法，但是听到肯尼迪的话后，中内功即使是开玩笑也不会说出"这个工作是为了赚钱"。笔者认为，肯尼迪的话深深地戳中了中内功的内心。

领悟"顾客至上"的企业精神

中内功在三天大会期间通过各种机会和美国的经营者交谈。虽说同样是经营连锁店，但中内功对其规模上的巨大差距感到震惊。中内功和他们对话时用"你有多少间店铺？"来打招呼。他们回答道几十家、几百家。"六家店到底还是看不出大量销售的效果。我深深地感受到连锁化速度的重要性。"[47]中内功说道。

大会结束后，他到美国各个城市的超市参观。设备、备品的硬件技术，以及店面的设计技术使他瞠目结舌。同时，他看到美国店铺经营中的"顾客至上"的精神。

经营形式以自助为主，但也为了客人的特别需要设置了呼叫铃。商品陈设注重色彩，使商品有立体感效果的照明也很引人注目。所有的创意都是站在消费者立场上出发的。在这样的商店里，客人非常开心地从货架上选购自己喜欢的商品，放到购物车中。从事零售业五年，在这里知道了曾经盲目追求的"为了大众每一天的丰富生活"是什么。[48]

这使我想起了明治初期福泽谕吉的故事。福泽谕吉虽然对西欧发达的科学技术感到吃惊，但是他更注重孕育它的"西欧近代精神"。笔者认为在日本，这个精神才是首先要学习的地方。[49]

中内功也是一样。尽管对现代的店铺设施和支撑它的美国科学技术感到吃惊，但是他更看到了在其背后的，贯彻在美国零售业各个角落的"顾客至上"精神。

就这样,中内功在第一次访美时不仅有了对超市事业的崇高志向,还学到了连锁化的必要性和贯彻"顾客至上"的重要性等实践知识。但这些只是抽象的理论,就这样带回国内实践并不能奏效,必须要看清日本的大方向。

幸运的是,中内功在访美过程中得到了一个机会。从中内功的角度说,虽然视察了当地的超市,但是只看到了外部没看到内幕。在回程途中经过夏威夷,遇到了大会上介绍的BIGWAY公司的新宅先生,听他讲了店铺建设的方法。其中之一是关于连锁化总部的意义。他告诉中内功:"如果设立的总部不对产品进行检查的话,各种各样的商品涌入,最底层的柜台就会不知所措。"也就是说"首先总部收货,然后检查是否足斤,质量是否真的像说明书上写的那样。这是总部存在的必要。不只为了物流,还为了检查商品的质量。先在总部检验,然后交到店铺,这就清楚该对柜台的商品负责任了"。[50]

新宅先生悄悄地告诉中内功这些事情。中内功回想起来说"因为都是日本人所以才告诉我的。"[51]

就这样,中内功学到了两件重要的事。一是开展大规模连锁必须要有一个总部,二是具体的店铺经营知识。这些都是通过在实践中参观BIGWAY的内部学到的。中内功回国后便把在那个店铺中学习到的知识活学活用了起来。

确定重点后开展零售经营

中内功有着"觉得可以了就马上着手"的果断。回国后,他宣布以后的经营重点是"全国连锁",也就是说打算在全国开店。[52]

从布局上讲,1963年(昭和三十八年)1月首先在兵库县西官市设立连锁总部,使流通中心运转。其次,整备社内组织。在总部设立商品部,尝试确立进货和销售的分工体制。最后,为了作业标准化,确定店铺"雏形"并以此为前提,确定连锁化开展方向,并迅速对此采取措施。

虽然是在后来才整理出开展连锁超市经营有三个关键要素[53],但是中内功那时就已经按照那三个要素做了。

就这样,在总部机构完备之后,进货价下降的效果转化成在销售上很强的竞争力。也就是说,店铺增加,进货量随之增加,同时进货成本下降。产生了低成本、低价格的良好循环后,必不可少的是作业设备的标准化。这些成为中内功连锁经营目标的优势。中内功偶尔也会说"只要有电脑、说明书和兼职,就能开店。"从字面来看,可能有无视人的倾向,但是从理论上来说这本身也说出了连锁商店经营的本质。[54]

就这样，中内功为在全国开展连锁，确定了连锁商店经营的基础设施，然后为了发展为核心企业而发起冲击。

1963年3月，中内功在福冈天神开店。按照常理，应该是按照从根据地关西到中国地区再到九州的顺序依次开店，但是中内功从神户一下子就把店开到了九州福冈。他也打算在东面开店，但是当时跳过了中间的地方，直接在目的地东京开店。两个月左右，在天神店业绩大概稳定后，中内功发表了"濑户内海项链构想"，这是从福冈和神户两侧到濑户内海沿岸开店的构想。在地图上看，店铺的印章连起来就像项链的样子。[55]

根据这个构想，1964年在松山（爱媛县）、柳川（福冈县南部）、清川（福冈县），1966年在冈山、明石（兵库县），1967年在高松（香川县），1968年在小仓（福冈县）、黑崎（福冈县）、福山（广岛县）开店。

在实现项链构想的同时，也继续在神户当地开店。1963年4月神户海滩店，7月三宫第一大楼店开业，并且发展三宫店，尝试之前没有过的新型零售业态。这个三宫店后来成为包括项链构想在内的所有连锁开展的模范店。店铺的广告牌是"SSDDS"，即"自助打折百货商店"（Self Service Discount Department Store），这在日本零售业史上具有划时代的意义。

选址定在三宫店繁华街的中间，是地下一层到地上六层的多层建筑，全楼配备电梯和冷暖气设备。商场面积960坪（约3200平方米）。这里以"从苹果到钻石"为宣传语，"能想到的东西全都有"。当时，在同种店中是规模最大的。从食品、日用品、杂货、药品、化妆品到衣服，各色商品齐全。把一些摊位出租出去也是该店的特色。不用说在百货店行业中了，单单是在超市中加入几家专卖店的做法在日本也是首例。加盟的有吉田珠宝店、静风堂（画材）、三浦屋（包）、泉港唱片、小原时钟、土井照相机，其他还有珍珠、舶来杂货、手工艺品、领带、服装出租、印章、陶器、玩具、鞋店。[56]

店铺的区域布置：地下一层是生鲜食品，地上一层是食品店，二层是服装，三层是专卖店，四层是文具、玩具，五层是女性西装、布料和集会场地，除了三层的专卖店以外，其他楼层的店铺都是直营的。旧馆经营药品、化妆品、家电、日用品。新馆经营男装、内衣、杂货。由于租户和物主都是第一次出现，所以租户和物主不能理解彼此之间的关系。当时柜台混乱的样子记录在《35年记录》中。

租户聚集的楼层叫作名店商场。但是当时还有还有另一个进出口，客人可能不会经过这里，因此租户们抗议道"这和说好的不一样啊，而且租金还那么高。如果是这样的话我要退租。"大荣方面对此再三建议"各店大多把商品摆满了过道，请保持新店该有的整洁。"[57]

开店后不久就在六楼开了餐厅,这也是中内功的想法,模仿阪神百货店地下的自助美食街,也召集了七家租客加盟。其中,饮品区、咖喱店、家庭餐馆是大荣直营的。

SSDDS 的进化——大阪庄内店的成功

1964年,中内功又在丰中市庄内开了新型的店铺。庄内店有在三宫积累了经验的名店街还有银行、医疗设施、美容院、游戏区。不只是买东西,还兼备健康、娱乐要素。但是当时客人常光顾的是另一个地方。庄内店客流量还没有提高的话,就举办活动,散发传单采取积极的揽客措施。一年后客流量终于开始上升,后来剧增。事实上,从1966年到1967年,庄内店占了大荣全店最高的销售额。

在大楼里,备齐各式商品,低价销售。专卖店作为租客进驻,再加上金融、医疗、娱乐等服务设施的店铺建设,这一模式顺利进行。之后,按照这一模式开展连锁经营。以 SSDDS 开店为契机,相似的店铺在各地相继出现。转眼间,日本零售业的面貌焕然一新。说到零售业,在只有百货店和商业街的日本零售市场中出现了超市,又有了另一种零售业态,即"综合超市"。1968年,又开展了新的零售业模式,就是"选址在郊外的大规

45 岁左右的中内功

模购物中心"。一号店开在大阪市和京都市正中间的香里。[58]

一号店配备了可停放 400 辆汽车的停车场。这一时期,汽车的普及引人注目,汽车中心的店铺建设迫在眉睫。之前的店大多开在离车站很近的地方,但是一号店这里离车站有段距离(最近的车站是京阪电铁香里园站)。开店之初,周围都是蒲公英,根据《35 年的记录》的描述,第一任店长甚至担心"在这样的地方真的没问题吗?"

一号店是面积 11500 平方米的四层建筑,另外建了两层专卖店。第一个城市银行神户银行以及证券公司都加盟进来,包括这些总共有超过 50 家专卖店加盟,成为日本规模最大且第一个真正意义上的购物中心。在周末设置特别舞台进行才艺表演，举办儿童歌唱比赛，跳盂兰盆舞等，尝试各种活动提高揽客能力。这里和建在交通枢纽附近的百货店没有任何区别，在村镇也出现了百货店。1969 年，在东京二子玉川出现了第二个真正的购物中心，之后像"LaLaport"那样的大型购物中心在全日本出现，而香里店正是这种购物中心的开端。

就这样大荣的核心业态发展起来了，对手们也企划开展同样的业态。但有趣的是，中内功自己并没有完全信赖这种模式。他说"业界纷纷效仿大荣的三部门型（衣服、食品、杂货的三部门经营），服装店也开始经营食品，杂货连锁也着手销售食品。很多超市都以大荣型为模板。"中内功觉得"应该根据自己的行业来发展吧？"甚至说"这是超市的堕落。"[59]

这是一直伴随着中内大荣的困扰，即是以"大量单品计划销售"的模式经营，还是以"商品供应计划"为中心的模式经营。但这时，中内功已经完全想明白了。[60]

注释：

1　中内功（2000），《流通革命尚未终结——我的履历书》（日本经济新闻社）p44。流通科学大学编（2006），《中内功回忆录》（学校法人中内学园流通科学大学）p119 中记录了对当时的回忆。

2 同前，《流通革命尚未终结》p44。

3 中内力（2004），《中内力自传选择——都出自相遇》（神户新闻综合出版社中心）p43。

4 石原武政、矢作敏行编（2004），《日本流通100年》（有斐阁）p234。

5 铃木安昭（1991），《我国超市的初期开展》，《青山经营论集》第二十六卷第二号（青山学院大学）p213-p223。濑冈和子（2014），《昭和三十年代超市的诞生和'主妇的店'运动—吉田日出男和中内功为中心—》，同志社大学人文科学研究所纪要，《社会科学》第四十四卷第一号 p34。

6 上述，《日本流通100年》p234。

7 仓本初夫、渥美俊一（1960），《日本的超市》（文化社）p60-p64。"主妇的店全国连锁"没有采取共同销售或商业人商标等产生规模效益的措施。另外，"主妇的店全国连锁"在1998年7月解散，但仍存在现在还在使用店铺商标和象征图案"风车"的旧加盟企业。

8 大荣史编纂室（1992），《大荣集团——35年记录》p16。

9 同上 p16。

10 《对末角要次郎的采访》（2015年5月1日采访，访问人为作者）。

11 上述，《大荣集团——35年记录》p18-p19。

12 上述，《对末角要次郎的采访》。

13 上述，《中内力自传选择》p45-p46。

14 大塚英树（2007），《流通王》（讲坛社）p76。

15 上述，《中内力自传：选择》p46-p47。中内功说两人认识是在千林店开店后。（同前《中内功回忆录》p122-p123）两者的记忆不同，但中内力是当事人，于是这里选择了力的话。另外，关于丸和创立等，详见佐野真一（1998）《天才》(日经 BP 社),同前濑冈论文（2014）。

16 同前,《中内力自传选择》p47。

17 同上 p48。

18 关于这一点,上述,《天才》p194-p195 有相同记载。

19 上述,《对末角要次郎的采访》。

20 上述,《中内力自传选择》p49-p51。

21 上述,《对末角要次郎的采访》。

22 上述,《流通革命尚未终结》p48-p49。

23 上述,《对末角要次郎的采访》。实际卖出这个预包装的是在三宫店。收玫瑰果子的批发店也收了预包装。因为"批量生产的预包装,袋子和密封完好,因此也没有受潮"。大塚英树（2007）,《流通王》(讲坛社）中记录了这一点。

24 上述,《大荣集团——35 年记录》p21。

25 上述,《对末角要次郎的采访》。

26 上述,《大荣集团——35 年记录》p22。

27 中内力说,食品是三宫店的一个支柱。另外,上述,《大荣集团——35 年的记录》25 页中写着"直接沿用千林店的方式,以药品、化妆品、杂货、日用品、果子类的商品构成开业。"并有涉及食品。

28 上述,《大荣集团——35 年记录》p25。

29 上述,《流通革命尚未终结》p50。

30 上述,《中内功回忆录》p126。

31 川一男（2009）,《川一男（2009 四月采访)》中内润·御厨贵编·《中内功将一生献给了流通革命的男人》(千仓书房）。

32 上述《中内功回忆录》p137。

33 同上 p149。

34 佐野真一（2009）,《新被忘记了的日本人》(每日新闻社) p48。

35 中内功和上照跨越一生的关系详见前书。

36 上述,《中内功回忆录》p144。

37 上述,《大荣集团——35年记录》p33。

38 同上 p28-p29 收录的佐藤满喜夫的回忆。

39 同上 p29 收录的福森洋三的回忆。

40 同上 p34 收录的川森秀雄的回忆。

41 上述,《流通革命尚未终结》p53。

42 伊藤雅俊恰当地说"到了1970年,不管是冈田还是扇屋,每个人都想开百货店。"上述,《中内功将一生献给了流通革命的人》收录的《伊藤雅俊》(2007年的采访)。另外,根据矢作敏行(1997),《零售业改革的源泉》(日本经济新闻社),伊藤雅俊也在一开始也对共同进货表示感兴趣并加入了,但是后来没有继续参加。

43 渥美俊一(2007),《流通革命的真实》(钻石社),参照第二章《大荣的兴亡》。

44 上述,《流通革命尚未终结》p53。

45 中内功(1969),《我的贱卖哲学》(日本经济新闻社)。该书虽已绝版,但作为《(新装版)我的贱卖哲学》,由元冈俊一、大沟靖夫编辑,2007年在千仓书房复刊。本书参考的是新装版的内容。此外,本书有趣的地方在于记录了中内功由肯尼迪的话知道了自身使命和资本主义的意义。另一方面,中内功在各处引用毛泽东的《实践论》《矛盾论》,自己的经营活动也模仿毛泽东的战略。一边对资本主义的化身肯尼迪表示感激,一边参考代表中国共产党的毛泽东的思想进行事业活动,这看起来有些矛盾。但是,想到那个时代正是两种思想交错的年代就不难理解了。虽然大脑对社会主义理想有共鸣,但是身体在资本主义社会中寻找容身之处。虽然没有立场,但是当时的年轻人知道高度宣传的价值(第二次世界大战前的绝对主义天皇制也好,共产主义也好）不是绝对正确的。就这样掌握了实用主义生存技能。

46 上述,《流通革命的真实》p179。

47 上述,《流通革命尚未终结》p55-p56。

48 同上 p56。

49 参照福泽谕吉的（1995）,《文明论之概略》（岩波文库）。对于福泽谕吉的这句话，参照石井淳藏（2014）,《靠近的力量》（硕学社）。

50 上述,《中内功回忆录》p160。

51 同上。

52 这个构想年除了1994年在忠实屋，还在四社统一的时候实现了。

53 石井淳藏（2012）,《市场运营思考的可能性》（岩波文库）p227-p231。

54 在渥美理论中说了同样的话，这是把店铺员工作为"作业员"的总部主义。上述,《零售业改革的源泉》p99。

55 上述,《流通革命尚未终结》p73。

56 因为当时刚刚建完西官总部，由于这些租户进店时有押金，正为赚回成本而努力。但是没有想象中聚集了那么多的租户。但是专卖店经营者的自尊心很强，大多带有"怎么可能加入超市"的想法。上述,《大荣集团——35年记录》p81。

57 来自地板专卖店第二任店长阿部纪后。收录于同上 p81-p82。

58 让人惊讶的是，当天同样在大阪的茨木开店。

59 上述,《（新装版）我的贱卖哲学》p103。

60 为克服这一问题，在那之后诞生了和中内大荣不同的新的连锁超市。其代表有荒井伸也的SUMMIT超市，川野幸夫的YAOKO，川一男的CGC日本，小滨裕正的KASUMI。其中，川一男和小滨裕正担任中内大荣的经营高层。请参照《流通经营研究所调查笔记》（流通经营研究所）中收录的采访（访问人都是作者）。《全日本超市协会会长荒井伸也采访记录》(收录于同杂志 2013 年 1 月发行刊),《株式会社 YAOKO 董事长川野幸夫采访记录》(收录于同杂志 2012 年 6 月发行刊),《株式会社日本顾问川一男采访记录》(收录于同杂志 2013 年 1 月发行刊),《株式会社 KASUMI 董事长小滨裕正采访记录》(收录于同杂志 2013 年 1 月发行刊)。另外,参照上述川一男(2009)。

三 流通革命

1. 大荣背后的人们
形成革命"旋涡"的选手们

对中内功来说,他已经明确了事业的焦点,并且完善了大荣总部体制,确定了以开展连锁为中心的业态,这些都是在进入1970年(昭和四十五年)以前的事情了。之后,大荣开始了真正的成长,同时流通革命的巨大旋涡也出现了。在流通革命旋涡中心的中内功不能忘记曾一起努力过的各种选手们。本章将介绍流通革命周边的情况。

第一是以最早集结在千林店的13名员工为代表努力奋斗的大荣员工。中内功教会他们应有的零售理念和作为商人的自豪。第二是支撑中内功形成零售理念和信念的"理论家们",他们是继大荣员工后的第二批选手。第三是关西的消费者群体(包括关西主妇联合会、神户消费者团体)。提出"好货越来越优惠"宣传语的大荣是消费者的同伴,并且和消费者团体结成同盟。

第四，和大荣连锁化一起成长的租户企业群和供货商也是很重要的存在。中内功说租户企业创造了之前没有过的"顾客"，他们为大荣的成长提供了很多的帮助和贡献。同时，如果没有大荣，他们也不会成为现在这样优秀的企业。第五是中内大荣的对手们，他们是和中内功一起形成流通革命旋涡的重要选手。在严肃激烈的竞争中，他们各自打磨自己的个体同一性。为了了解并解决共性课题，他们甚至成立了业界团体。[1]下面将一一介绍。

大荣的人才

首先是创造了大荣的员工们。前面介绍了一些在三宫开店时员工们付出的辛苦，下面是后来成为大荣副社长的川一男对那段时期的描述。

在进货的时候，不招人就无法多进货。想要多进货的话，先招人，然后让他们一起工作再决定具体的工作分配。也就是说，有了足够的人数和足够的场地，经营方式就会改变。但是，目前没有足够的人手和场地，所以无法在这种状态下有过高的要求。[2]

就像川一男说的那样，在创业初期一直是人手不足的状态。为了增加经营内容，最重要的首先是增加人手。川一男自己在1962年进入公司的第二天起就成了中内功进货的同伴。中内功为了锻炼川一男，让他进行实地研修，不过这或许是因为人手不足没有别的办法而为之。说句题外话，当时中内功曾自己揣着100万日元现金去进货。

从创业第6年的1963年起，开始定期招收大学毕业生，同年加入了18名大学毕业的新员工。中内功相信公司以后会迅速发展，开始录用很多大学毕业生。1968年招收的大学毕业的新员工达到三位数（参照第二部第一章表1），这对应上了第二年的《流通元年宣言》和1970年后的快速发展。当然，录用的是在流通业领域中出类拔萃的人。

这些新员工和老员工都对大荣鞠躬尽瘁。之前还没满40家店铺的公司在1970年后的几年中持续每年增开十几家，不难想象这给公司带来了多大的压力，但是在中内功的指挥下大荣顶住了压力。[3]

大荣为了让这些新员工具有战斗力，在教育研修上下了很大力气。虽然不会马上产生利益，但他仍然坚持教育投资。渥美俊一后来评价说大荣把"人工费的5%～10%作为教育经费"是划时代的创举。[4]

20世纪60年代中期确立员工海外研修制度，1969年开始海外留学制度。留学地以美国为主，表达了中内功一定要把自身在美国的宝贵经验传递给下一代的决心。在1971年，以普利马哈姆创立的竹岸学园为模板，在吹田市的桃山台创立"大荣超市教育中心"。在可住宿的教学楼中，能够容纳120名学员。在1973年5月送出了第一期毕业生。课程最初是45天，如果不是公司下定决心，是无法给新员工提供长期的研修时间的。

后来，随着店铺内准备了工作指南，培训的时间缩短，在1980年变成了7天的短期课程。另外，随着核心干部的增加，在成田市建立了"流通经营大学院"，店长以上的干部管理者参加研修。1977年创业20周年的时候，中内功做团长，派遣了由40名核心干部员工组成的访美研修团。除此之外，还开办大荣海上大学，举办有偿的论文征集活动，这些纪念活动可以说展现了大荣为培养人才尽全公司之力的风貌。

流通的理论家·消费者运动的活动家

大荣以"综合超市"为主业，在20世纪60年代后期才开始崛起，而那时的中内功和他的经营对手都已经40多岁了。中内出生于1922年（大正十一年），伊藤洋加堂的创始人伊藤洋雅出生于1924年，永旺（译者注：日本著名零售集团公司）创始人冈田卓也出生于1925年。

他们并非都是在大学学习了关于连锁或综合超市的经营理论，才开展创业活动的。说起来，日本当时还没有把超市经营、连锁经营的理论构建和实践研究作为一个学术领域。商业学、经营学这些科目虽然在商业系、经营系是主要科目，但是并没有设置超市、零售连锁经营的课程。总之，没有可以学习的理论，经营者们只能凭借感觉、经验和反复尝试来给自己开辟道路。

虽说如此，这些企业家也并不是只知道一些简单的理论知识。他们一边以自己的实践作为营养源，一边积累新的流通知识和理论。另外，多次访问流通业发达的美国，疯狂地学习美国的经验。一些理论家也开始走近这些经营者，支撑他们的努力。

其实，这些理论家也不是专门研究流通理论、商业学或经营学的研究者，大多是和流通业相关的记者和评论家。他们不拘泥于理论，具有实践精神。因此，反而给流通实践带来了很大的影响。他们通过学习国内外零售流通的发展，聚集有学习意愿的年轻经营者积极举办研讨会，来打造他们的理论。[5]这样的理论家有很多，这里介绍两个代表。

仓本长治——商人的革命精神

一个是曾领导杂志《商业界》的仓本长治（1899—1982）。他在1951年（昭和二十六年）2月召开了由杂志《商业界》主办的商业经营研讨会，强调明码标价和自助服务的必要性。当时的听众中还有后来 Self Hatoya（译者注：日本衣料店）的西端行雄以及最先成功开展服装连锁十字屋的山藤捷七。后来，这个商业经营研讨会聚集了几千名商人，成为日本引领流通变革的一大势力。[6]中内功也受到了仓本长治的熏陶，仓本长治曾说"最重要的是非传统的愿望，即'店是为了客人'的近代精神"，中内功说，这句话也是我后来前进的强大动力。仓本长治的这句话在现在看来是理所应当的，但在当时并非如此。在非常缺乏这种精神的时候，这句话给了承担流通革命使命的经营者们勇气。[7]中内功在箱根草云寺仓本长治的墓碑上拓写下这句话，提醒自己不要自满。[8]所谓流通革命，在某种意义上是"商人精神的革命"，结合中内功和仓本长治的接触来理解的话，可以用"顾客至上"来理解中内思想的深度。

渥美俊一——聚集了连锁超市经营者的天马俱乐部

从《读卖新闻》的记者到研究连锁商店第一人的渥美俊一（1926—2010）十分了解包括大荣在内所有经营者的课题，他提供具体的解决措施，并倡导基本的零售业现代化理论。

渥美俊一在1962年创立以连锁化为目标的经营者研究会"天马俱乐部"。在天马俱乐部中，除了上述的经营者，还聚集了Nichii（译者注：1996年改为MYCAL，现永旺零售）的西端行雄、冈本常男，York Benimaru Co.,Ltd（译者注：日本主要经营食品的超市）的大高善兵卫，UNY Co.,Ltd（译者注：日本上市公司 FamilyMart UNY Holdings 中负责综合超市运营的大型流通企业）的西川俊男，旧 Izumiya（译者注：现 Izumiya Co.,Ltd，是以日本近畿地区为中心开展连锁超市企业的零售业者）的和田满治等承担流通革命使命的年轻经营者们。五年后的 1967 年会员数已经有 779 家，10 年后的 1972 年会员数增加到 1134 家。俱乐部成员多次参观美国零售业，同时探索新理论，然后马上在实践中尝试新理论。中内功不仅积极参加这个俱乐部，还请渥美俊一指导大荣内部员工的研修。中内功认为，渥美俊一提倡的基本的零售现代化理论是自己连锁经营的核心。同时，渥美俊一也高度评价中内功的业绩。他的评价整理为以下九个要点：

1.连锁商店建设的出发点是大商店建设。2.重视商品周转率（连锁商店理论）而不是商店每坪的使用效率。3.开发综合超市模型。4.业态开发的速度。5.连锁总部的确立。6.导入物流中心和储存中心。7.开发购物中心项目。8.商店品牌（以下简称 SB）、自有品牌（以下简称 PB）的建设。9.对员工教育的投资。这九点都很有战略眼光。[9]

下面来讲一个有趣的故事。渥美俊一作为大荣员工研修班的讲师上台讲课，滔滔不绝地讲解他的理论，然后说"中内功社长是按照我的理论才有了今天的成功"，然后中内功马上上台说"渥美俊一是看了我的实践才有了连锁商店理论"。从这个故事中，我们能够看出两人关系很好。[10]

二人的连锁商店理论和实践就像是鸡和鸡蛋的关系。他们不只模仿美国的连锁商店理论，还能够相互促进共同开发流通业。实践和理论在两者的良性循环中日益完善。

和大荣并肩奋战的消费者团体

因为大荣"好货越来越优惠"的理念与消费者团体的目标重合，所以大荣和消费者团体在一些重要的事情上是站在同一战线上的。

大荣和消费者团体的第一次合作是在经营现金批发店荣药局的时候，荣药局和药品厂商在二次销售的价格上起了争执。针对荣药局的低价出售，医药品厂商在上市的产品上印上编号。只要通过编号就能知道销售的商品是通过哪个渠道进的货。在低价店中，看号码就能知道是从哪个批发店进的商品。中内功他们通过消除编号来应对此事，但曾经把一部分商品名也同时擦掉了，医药品厂商以此为理由起诉他们。

医药品厂商停止对大荣供货，但是，专务中内力认为这属于《禁止垄断法》中的不公正交易，于是前往公正交易委员会大阪事务所。虽然接待的工作人员对他说这明显违反了禁止垄断法，但是之后再没有任何进展。于是中内力希望得到消费者的支持，并动身前往在都岛的关西主妇联合会。

和他们协商的是关西主妇联的会长比嘉正子。她听了这件事非常吃惊，"对种种比预想中还要糟糕的排斥行为，我们感到非常吃惊"。协商的结果是决定了将"药品价格下降运动"作为消费者运动的一环展开。[11]

关西主妇联报纸在1958年（昭和三十三年）9月11日的版面上写着"希望零售业反省——强烈要求药品降价"的大标题，据说关西主妇联还把这个报纸送到大阪府厅。[12] 主妇联还向公正交易委员会正式提诉，紧接着以大阪药业批发协同组合联合会、大阪医药品协会为核心，向大型药品厂商或者大阪府卫生部、工商部、大阪议会等相关单位反复发出要求和陈请。结果很好，比嘉正子自己也概括道"这次的运动获得了巨大的成功"，成为自己消费者运动的战果之一。[13]

第二次合作是牛肉进口的问题，这是发生在1964年的事情。大荣为了确保牛肉的进口，拜访四国、九州甚至鹿儿岛奄美大岛的农家，请求他们养育肥牛。1964年在冲绳，设立和牛农家委托生产公司"冲绳MEAT"（译者注：经营冲绳地区的牛肉），把从在鹿儿岛、熊本买的小牛运到冲绳，在这里养肥后再引入。

但是由于小牛的价格不断上升，中内功放弃了在国内调配，开始关注澳大利亚、新西兰产的牛肉，并飞到澳大利亚和新西兰，进行进口小牛的交涉。当时中内功的这个想法十分大胆。

也就是说，将从澳大利亚、新西兰买的小牛运到冲绳，在冲绳养肥，再把牛肉运到本土。在取得了冲绳政府的同意以后，中内功开始推进这个项目。由于《西南诸岛物资进口的特例》的规定，冲绳岛本土的进口不需要关税，所以牛肉可以便宜出售，但是日本政府不同意，理由好像是"没有接触过关税制度这个方法，要是让外资模仿了这种行为的话，我们会很为难"。另外，还有精肉商们也强烈抗议。当时农林省阻止称"从冲绳进口会导致流通经济的混乱"。对此，关西主妇联的比嘉正子也和中内功一起到东京抗议，但是事情并不顺利。难得的进口计划还没实现就终结了。

第三次合作是在1969年大荣进军名古屋今池的时候。在今池开店的时候，大荣和名古屋果蔬零售业界协同组合进行了严肃的交涉，最后一直围绕特卖时是否要在传单上标出价格一事进行谈判。这时，消费者代表馆林凉子、中部主妇会会长、横地荣螺名古屋市地区妇女团体联合协会会长支持超市一方的意见，因此纠纷很快就被解决了。[14]

第四次合作是在对抗通货膨胀举行"维持价格运动"的时候，

这一经过在后面会介绍。关西主妇联的比嘉正子指出"即使是三十三个产品群也会影响附近的店，所以如果消费者一年内都能够低价购买商品的话，会怎么样呢"。[15]如话中所说，全国的超市开始慢慢地追随这个运动。消费者团体在大荣的成长期一直都是大荣的盟友。

共同成长的租户、供应商

大荣作为综合超市的核心典范，通过创造综合超市"（利用综合超市）招揽新的顾客"，开店数量也增多了。但是，大荣招揽顾客的成效不仅如此，进入综合超市的"租户"也招揽了顾客。下面来了解一下进入SSDDS的庄内店的几家租户。[16]

爱眼眼镜

如上所述，和吉田珠宝、静风堂（画材）、三浦屋（包）、泉港唱片、小原时钟、土井照相机等租户一起的还有"爱眼眼镜"。社长下条千一在当时的眼镜零售店瑞宝光学眼镜工作。当时到全国各地销售商品回来后，他收到了一封大荣寄来的封了口的书信，是一封"能不能加盟庄内店"的邀请信。他心想，"真是个有意思的企业，卖眼镜的也可以在那里开店吗"。他向公司说了这个契机，但是没有任何进展，于是向厂商借了600万日元的资金,以个人名义加盟。[17]

餐饮连锁

杵屋餐饮连锁店是和大荣一起成长起来的租户之一。杵屋一号店在奈良大荣店开店,特色是当场表演手打乌冬。终于,杵屋拥有了400多家餐厅,营业额超过200亿日元。《35年的记忆》中介绍的另一个餐饮连锁店租户是"速食友荣连锁集团(广田升担任社长)"。曾以每日面包为招牌的广田升,以他经营的每日面包品牌进驻庄内店。他从一块面包10日元起步,用"能卖多少钱就卖多少钱"的外行经营方法,他说"大概从第30天起,客人就排队等着买"。[18]因此,不管你是不是内行,只要是有理想的年轻人都能在大荣的土地上成长为一流的商人。

供货商

在副食业中有一些厂商和大荣一起成长,最后成为顶尖的厂商。Fujicco(译者注:日本食品厂家)就是其中一个。[19]1960年,山岸八郎以富士海带创业。他最初是与神户大丸的供货商合作,但是1961年(昭和三十六年),由于合同到期,开始和大荣合作。以此为契机,山岸八郎前往大荣三宫店参观,看到了店内繁荣的景象。[20]大荣进货的商品有海带干丝、鱼肉松海带、鲜汁汤海带、垂水的裙带菜等，这些商品都是预先包装好的，为此要在新工厂、新设备的投资上下很大功夫。

1961年到1962年，在大荣三国店、千林店、板宿店开业时，山岸八郎亲自到柜台上摆货。山岸八郎说大荣员工也相当努力，"那时，大荣非常有干劲，即使到了半夜也要等确认完了货品才回去，大家都很爱学习。"《35年记录》中写到，伴随着大荣店铺扩增，Fujicco也成长了起来，开始用两吨货车向各店送货。据说，在开业当天就卖出8000箱，每箱40包。为应对大荣大量销售的体制，他们尽快完善设备，在商品开发和品质管理上也做好了万全的准备，才能成为至今的一流食品厂家并为此自豪。

在服装业中，丸新棉布和大荣一起开发和销售衬衫，这一点我们会在PB开发中介绍。

大荣的直营计划

大荣培育了很多外部公司，但是也有很多直营计划。这里简单地介绍一下。

有业界顶级的男士服装企业LOBERUTO（译者注：主要经营男士服装，社长是中内家老三中内守），年营业额曾接近400万日元。餐饮中有Volks（译者注：以牛排西餐为主）、

DOMDOM（译者注：主要经营汉堡）、HOKKAHOKKA 亭（译者注：主要经营便当）、Wenday's（译者注：主要经营汉堡、炸鸡）、BIG BOY（译者注：主要经营汉堡和牛排）、维多利亚站（译者注：主要经营牛排和汉堡）、神户 Lamp 亭（译者注：经营牛肉饭等的连锁店，日语为神户らんふ亭）。在 SB 中有 NO BRAND（译者注：大荣旗下品牌，主要经营服装）、扑球（译者注：大荣旗下主要品牌，主要经营食品、服装、日用杂货），都很受欢迎。综合超市以外的零售业态有美食城（超市）、Gourmet City（译者注：大荣集团超市）、家世界（译者注：大荣集团超市）、Topos（译者注：曾经大荣运营的打折店）、BIG A（译者注：大荣子公司，经营食品、日用品的小型打折店）、Hypermarket（译者注：经营衣食住所有产品的郊外仓库型超市）、KOU'S（译者注：大荣旗下会员制超市）、D Mart（译者注：大荣经营的打折店）、Vandle（译者注：大荣经营的打折店）、Printemps（译者注：大荣旗下百货店）。

共同奋斗的竞争对手

成长起来的连锁综合超市很快要直面和同行的竞争。但是，在大荣进军福冈和东京时出现了一个转机。在这之前，虽然也有与连锁同行的竞争，但是原来只在大阪开店的话就只和大阪的商店竞争。而在大荣进军东京后，就变成了和全国的大型连锁同行一起竞争。据传闻，综合超市的经营者同行们在那时一直是见面也不说话的关系，在旁观者看来就好像是小孩子吵架一样，但是当事人可能无法冷静下来。

企业之间有很强的对手意识，这种对手意识反过来形成了"一种行业意识"，这些企业正是这个"行业"的成员。说到底，如果竞争领域不同，也不会产生对手意识。强烈的对手意识反过来可以孕育强烈的"行业意识（同伴意识）"。20世纪60年代中期，这些年轻的经营者意识到了共同利益，各个企业团结起来。

综合超市企业的飞速发展给经济社会带来了很大影响，在竞争对手百货店、商业街、零售商店中出现了限制综合超市活动的声音。换句话说，他们开始意识到连锁超市是他们应该共同解决的课题。综合超市也团结起来，中内功这样描述那个时期：

那是个雨天，在东京赤坂的王子饭店，我和堤清二指派的西友商店副社长上野光平进行了交流，一致同意"建立协会，以协会的形式发声，协会将以任意团体的形式而不是以社团法人的形式存在"。协会一直以来都没有被划入通产省的管辖，而是和天马俱乐部成员一起，努力构建一个能够自由发言的场所。[21]

在1965年（昭和四十年）前后，从这简短的一段话中能够明白几件事：第一，中内功和堤清二（或上野光平）达成一致意见后开始建立行业团体；第二，天马俱乐部发挥了不可缺少的作用；第三，不单方面听从通商省的管理，以形成可独立行动的团体为目标，然后在1967年8月2日设立"日本连锁超市协会"。协会的目的：流通的现代化；消费者主权；确立价格决定权；实现以公正交易为支撑。[22]

有15家以上的连锁企业具有加入协会的资格，协会不仅有以大荣为首的综合超市，也加入了连锁专卖店企业，会员数达到了69家，成员店铺达到1087家，年销售总额达5000亿日元，平均每家店的年销售额是72亿日元。在总会中，冈田卓也担任议长，而中内功全票当选为协会第一任会长。[23] 在设立总会时，中内功作为第一任会长宣读"以仓本的爱徒藤岛俊和渥美俊一写的草案为基础"的檄文。

该协会在被称为"经济世界暗黑大陆"的流通领域里，创建新的秩序，将隐藏在"疑似百货店"（译者注：为规避当时日本百货店法限制，形式上是几家公司合作建立的大型商店，实质仍是百货店）名下的企业集结到连锁商店的名下，在通产省提倡的"流通现代化五年计划"中宣布他们的存在。[24] 在这之后，

085

中内功领导的协会在《大店法》制定的时候作为行业内的领头羊参与活动,这个我们后面再介绍。

2. 作为高速发展的象征性存在
1969年的《流通元年宣言》

大荣享受着高速的发展。按照项链构想,大荣在神户和博多之间的各个城市开店,继续向东进军。对此,消费者的反映很好,看到大荣新店的消费者们疯狂的样子就能知道了。当时正处于高速成长期,社会正是大量生产、大量消费的时期。大荣正是创造了这一时代的代表之一。

1969年(昭和四十四年)年初,一起经营大荣的专务中内力退社。这件事情将会在第二部分说明。1970年3月,一直支持着中内兄弟的父亲中内秀雄去世,中内功一个人背负着大荣。但是,正是在这个时期,中内功的能力大大提升,这是他的思想全面开花的时期。中内功在1969年年初宣布进入"流通元年",大荣以发展连锁超市为目标。首先,开始完善总部,扩充物流中心和设置品质管理中心。其次,以东京为中心展开全国连锁经营。1969年开始完善物流中心,虽然1963年在西宫设立总部时已经设立了物流中心,但是那里有些狭小,于是在1973年,买入神户滩的填海地开始正式建设物流中心,地点在神户港东侧，东滩地区的填海地，占地面积 8833 坪（约 29200 平方米）。中内功在开设西宫物流中心时就准备好了这块地，不知是有先见之明还是隐瞒了积极的发展战略，无论怎样，那里已经成为中内功一个人的舞台[25]。中内功心里一直记着要自主创办物流体系，之后在 1969 年接管了富岛商运的子公司，改名为阪神运输仓库，完善了自主创办的运输体系。

1970 年，中内功在大阪中津设立品质管理中心，中内功指示"大荣站在消费者的立场上，亲自检查商品的品质，提供安全的商品"，大荣由此设立了专门组织。以前公司的商品检查几乎都是交给国家机关的，[26] 也有一些企业在企业内设有品质检查体系，但这也只是一部分百货店和大厂商的做法，数量有限。[27] 由于这是综合超市行业的第一次尝试，因此行业内对中内功的品质管理中心的期待很大：第一，对在美国学习到的总部主导制品检查机制的期待。第二，对大荣"顾客至上"精神的商品检查中心的期待。第三，期待品质管理中心能在中内功憧憬的"减少制造厂商（没有工厂的厂商）"方面发挥核心作用。

其他检查部门没有的特征是强调"消费者视点"。中内功在开业仪式上指示"站在消费者的立场上检查商品质量，进购合格的产品"，鲜明地表明了品质管理中心的立场。在品质管理中心，进行大荣商品的品质、安全性、性能、耐用性、实用性等实验和管理，也引进了自动记录仪、气体色谱仪等最新的检查仪器。当时，在食品中加入添加物或成分不清等问题受到大众的关注。在服装上，品质管理中心对福尔马林问题、衬衫掉色问题、耐清洗问题、缩水问题等进行研究，也曾花一年时间和厂商一起解决这些问题。在日用杂货上，研究聚氯联苯（PCB）、霉菌毒素等的农药残留问题。品质管理中心几乎是不辞昼夜地在工作，每年会送来约1000件样本。[28]

从这之后，中内功也常把海外商品带到品质管理中心，分析成分、估计成本，从而判断是否有可能作为本公司的商品引进开发。[29] 就这样，品质管理中心在大荣煞费苦心的PB开发方面发挥了核心作用。

做了这些准备后，大荣向东进军，首先向东京进军。和稳定下来后再慢慢发展的伊藤洋加堂、7-11的做法不同，进军东京是由在1964年收购了叫一德的4家超市为开端，这些店以大荣、小岩、吾嬬、中目黑为名重新开业。1967年11月开了川口店，之后东十条店也开张了。不久之后，中内功发表"首都圈彩虹作战"，以包围东京中心人口剧增的地区为目标，展开了环绕市中心开店的构想。

构想的关键在于，首先将距离市中心半径30～50千米的区域看作人口增长地带，以这一地区的消费者为目标客源，提供生活必需品等。开的店连起来好像对市中心画了一个像彩虹一样的半圆。虽然是在距离中心30千米的区域,但是人口有2000万人,以大荣30万人开一家店的基准来看,可以开70家店。其次,大荣计划到1973年销售额达到4000亿日元时,靠首都圈来确保其中四分之一的销售额。[30]

在发表构想后的1969年6月,"大荣原町田购物广场"在町田市开业。这家购物广场从地下一层到地上五层共六层,面积11000平方米,是大荣在东京的第一家大型店。半年后,1969年12月,为了建立彩虹战略的北方据点,赤羽顾客中心在赤羽开业。那里以首都圈北部的川口、蕨、浦和、大宫等市为腹地的商业圈是西友商店的地盘。赤羽顾客中心的直营空间有9257平方米,专卖店楼层就占了2444平方米,是当时最大的店铺。[31] 由于地点就选在距离西友商店不到200米的地方,因此两家店多次上演了被称为"赤羽战争"的商战。

刚一开店,报纸也报道了此事。"今天大荣顾客中心开业,它是由占地10000平方米的直营店和容纳了60家专卖店的名店街组成的,难怪取名为顾客中心……距此处约200米的地方是西友商店,可谓近在咫尺。两家店铺都是大型店,在这么近的地方竞争还是全国首例……大荣在开店第一天的客流量就达到了5万人。当地警方派了60名警察,在现场设置警备总部管理交通。"[32]

当天东京新闻也报道了购物中心的情况。"这天大荣准备的特价商品是白砂糖，以 1000 克 57 日元的市价半价出售，零售价 100 日元的洗涤剂以 27 日元出售。其中压轴的是现金实价 129000 日元的 15 型彩电卖 69000 日元，并且无限量出售，会一直卖，这让人感到很惊讶。"

当时赤羽店长青井一美描述了员工们作为东方据点的一员，有无论如何都要成功的强烈愿望。

可能有些夸张，从准备阶段就开始紧张筹备……由于工期短，大家都非常辛苦。甚至前天刷的油漆还没有干，就在这样的情况下，员工们熬夜徒手把日常用具、备品、商品搬到二楼。在本馆（直营部分）与别馆（专卖店街）之间的广场上举行开业典礼时，劳累了一整天的疲倦和感动瞬间涌上职工们的心头。[33]

由于竞争对手是西友商店，大荣采取了严密的对抗策略。"每天都带着窃听器去彻查西友商店商品的价格，因此能被用来比较的东西都比西友便宜。"[34] 这令人感到惊讶。

从《35 年记录》中员工留下的话的细微处可以看出员工们对进军东京的热情。努力的结果是，成为大荣首例在开店第三天日销售额就突破 1 亿日元的店。

在大证（大阪证券交易所）上市

在持续不断的开店进程中，大荣股份在大证上市。上市的直接契机是支撑大荣的小弟弟中内力专务离职。在中内力专务离职的同时要买下他所持的股份。根据专业人士的计算，创业时的本金是400万日元，而大荣现在的纯资产已经达到了60亿日元，中内力所持的股份是其中一半，因此要买下这部分股份需要30亿日元。

在介绍中内功的应对对策之前，先了解一下当时大荣的财政状况。在一定程度上，大荣可以自己支撑大多数的新店。对于这方面的事情，中内功是这样说的：

在关西，地主用卖土地的钱投资新的工作的意愿很强。大概以每坪20万日元的价格出售土地。如果这个土地先不放到银行担保的话，1年后，每坪大概会升值为30万日元。这样的话，他们再到银行以每坪20万日元作担保，实际就是现价的七折，也就是用20万日元买的土地能用20万担保。大荣就是这样实现资金周转的。[35]

虽说对店铺和土地进行了投资，但对大荣来说可投资的资金并没有减少，这是因为可以用土地为担保来获得接下来的融资资金。中内功在这里说的方法就是所谓的大荣的"土地本位制"，也就是说，"不断购买土地，再以此为担保获得资金扩大事业"。

在开始事业前先购买周边的土地，然后在事业进展的同时再变卖土地的方法是关西人的习惯做法。像最开始介绍的小林一三，他在大正时代铺设铁路的同时将预先买下的池田丰中的5万坪土地和高级住宅一起出售。两个人的做法都是预测到了铁路或者购物中心的建成会抬升土地价格。只是，在地价大幅下降的时候这个方法就不适用了。在20世纪90年代泡沫经济崩塌后，不动产价格严重跌落，大多数积极进行不动产投资的公司都因此背负了高额债款，大荣也不例外。

大荣另一个资金来源是进货的周转差。中内功说："商品进货是20号结账，然后在下个月的25号交钱，也就是说中间有大概35~40天的空当。每次都直接以现金支付，不开票据。"[36]

如果销售规模达到了大荣的水平，每个月只要有空当，利息收益就不会小。假设有1000亿日元的销售额，利率就算一年只有5%，平均一个月0.4%，也会产生数亿元的利息差收益。大荣就是这样，利用土地和进货两个周转差产生的资金投资开店。

"但是，这样不是说我们就不需要银行了。比如，1961年（昭和三十六年）建设三宫新店时，中内功为了融资费了很多功夫。"专务中内力说，"还曾因长期合作的三和银行不能马上决定融资，匆忙转向东海银行。"[37]

自从发生那件事后,专务中内力不再把主要融资银行集中在一家银行上,而是同时接受三家银行的融资和服务。如果有专务的话,筹借资金是他的工作,但如今专务空缺,就不能这样操作了,连中内功也是"一筹莫展"[38]。

中内功考虑通过关系从住友银行借钱,亲自拜访住友银行行长堀田庄三,直接和堀田庄三见面,申请借款。"只有和堀田庄三见面的时间才能请求到融资,一分钟1亿日元",堀田庄三在银行里的权力大到出现了这样的传闻。堀田庄三问中内功"有没有担保?"中内功回答,"我在学校学到的是,向当铺借钱才需要担保,银行应该是评估人和事业后借钱。"[39]谈话进行了一个小时,最后住友银行向大荣融资30亿日元,融资通过大荣上市来偿还。自专务中内力退任以来,兜兜转转,大荣在最后走向了上市的道路。

事实上,上市的工作非常困难。首先,从大阪证券事务所的回应来看,上市流程非常严格。对交易所来说,很难理解刚开始成长的综合超市这种零售行业。其次,大荣体制不完善,"甚至让人怀疑是否具备写申请书的能力"。[40]

当时大荣复杂的经营形态也是上市的困难之一。这不是大荣的责任,而是因为当时日本对综合超市的经营有严格的法律制约。当时有百货店法，适用于在大城市中有3000平方米（地方城市1500平方米）以上的商店。在这个法律之下开店实行的是许可制，所以不能想开就开。因此，如何躲过百货店法的制约是每个综合超市的课题。

大荣整体虽然都在一个大楼里，但是每层都是一个独立公司，所以每层的公司名、商品包装纸、员工制服等都不一样，利用这一被称作"疑似百货店"的经营模式躲避百货店法。以此为理由，大荣单体结算的同时也采用合并结算的方式，因此向大证提交的材料也是一般上市公司的五倍。[41]

在大阪证券交易所第二市场上市是在商讨最初上市两年后的1971年3月1日。直到现在也是大证的最高股价450日元。市场人气更高，上市当天的记录是820日元。出售股票数874万多股，按每股820日元算的话总额超过了70亿日元，返还住友银行的融资后还有余额。1972年在大阪证券交易所第一市场上市。

同样以"疑似百货店"方式经营的其他综合超市在大荣上市以后也相继上市：1972年的伊藤洋加堂，1973年的泉谷和寿屋，1974年的佳世客（现永旺）、西友、Nichii，1976年的UNY。

大量疯狂地开店

既然是连锁经营,就不能拘泥于每间店的收益,总之先开店,获得作为连锁的规模经济,这是中内功的基本方针。当时的专务中内力打算说服大家反对这一方针,但没有成功,最后中内力退出大荣,中内功继续坚持自己的基本方针。[42]

中内功的想法是,通过完善物流体系,实现向各店大量送货,并设置品质管理中心。上市后得到充沛的资金,实现了他的想法。在发表"流通元年"的1969年(昭和四十四年)初期,大荣的店铺总数不超过34家,在1969年新开业9家,1970年又一口气开了15家,销售额也在1970年突破1000亿日元。之后每年的开店数都为两位数,到了1973年年末,店铺总数增加到了111家。也就是说,在短短的5年间就增加了77家店,平均每年开店超过15家。

新开的店铺并不都是同一类型。如果所有店铺都是一个类型,就可以按相同的模式处理工作,然而当时大荣的店铺并不是这样的。开的每间店铺都是大规模的,而不同大规模店铺陈列的商品也会有所变化,并不是按照扩大的规模来增加商品的数量就可以了,新瓶需要装新酒。因此对于负责店铺装修和店铺运营的员工来说,这意味着踏入了一片新的领域。下面来看一个代表性案例。

1971年在福冈开业的购物中心，总面积28000平方米，平均每层面积3500平方米，有地上八层和地下两层，这和之前大荣已开张的大规模店铺相比还要大得多。大荣也有人认为考虑到自身的销售能力，可能有些勉强。事实上，理事会也犹豫不决。但到最后，在大荣赤羽店开店当天（1969年12月5日）召开的开店会议上，中内功决定开店。[43]

按照之前大荣的进货能力，连福冈购物中心一个楼层的货都进不满。服装区域是三楼到五楼的三个楼层（近1万平方米）。但是拿大荣已有的店来说，这相当于食品、服装、日用品全部区域的大小。现在这么大的地方要全部用来经营服装。

于是，服装部门努力把所有的商店都打造为地区第一店。男士翻领衬衫、定制西服、西裤等男士服装（这时已经引入"罗伯特"品牌）成为各个地区最大的销售区域。另外，大荣首先采用了独立店铺的方式，建造830平方米的运动（高尔夫球）用品区域。此外，不只集中于直营店，还积极寻找专卖店，聚集想要开店的人。食品部门的情况也一样。大荣虽然已有大型的商店，但是面积还不及这个商店的一半。于是，在那时想出了全国模范陈列点、试吃销售、使用模特宣传等促销策划，也集合了京果子、东京仙贝等各地有名的特产。

虽然之前没有经历过这样的尝试，但是福冈购物中心在

1971年6月开业了。当时在福冈市内，虽然已经有了天神店、清川店，但是市民对新店的期待还是很大的。开店当天虽然下着大雨，但是从凌晨三点开始就有客人来排队，到上午九点的时候队伍就已经超过了100米。商场开门营业的时候，客人冲进店中，"冲向电梯的人们，上楼梯的人们和大声的喧嚣立刻充满了整个商场。太多人同时挤上了电梯，导致电梯都运转不了了。一开始，工作人员拼命喊哑了嗓子，引导顾客'请走楼梯''上楼梯'，但是五分钟后就不得不先暂停顾客进店。客人们首先冲向地下的食品销售区，抢夺购物筐。最后甚至连地下卖场也'禁止通行'，暂停顾客入内。食品卖场中最受欢迎的是100克8日元的香蕉和鲜鱼柜台……开业第一天，在商场里走散的孩子就有300个"[44] 开业第一天总共有10万名客人光顾，一天的营业额就超过了1亿日元。《西日本新闻》（6月15日晚报）写道"改变了天神地区的人流"。可以看出这个店有多受福冈市民的期待。

支撑新店的"团块一代"

对此抱有强烈期待的消费者阶层跟以前不一样，他们是当时在社会中首次登场的"团块一代"。第二次世界大战后不久，1947年（昭和二十二年）到1949年出生的一代人被叫作"团块一代"。1947年出生的人数有250万，现在的出生人数一般是100万左右，因此和现在相比是一倍以上。团块一代走出校园走向社会第一线是在1965年以后。当时的福冈购物中心因为是大型超市，如果把附近三个商圈的顾客都算进来的话，商圈人口就有140万。大荣分析道"年龄层的话，年轻太太非常多，而50岁以上的人只有8%。因此,由于购买力大的年轻人比重大，所以市场动力很强。"[45]

截至2014年，50岁以上女性几乎占日本女性总数的一半。从现在来看，大家可能很难相信那时50岁以上的人口只有8%。但是，当时大荣的主要顾客层就是团块一代的人们。他们住在公寓中,过着被称作"公寓生活"的西洋生活,生活方式也以"朋友式夫妻关系""家庭志向""敏感的流行感知度"为特征，被称作"新家庭"，因此出现"新生活"的广告也不是没有原因的。

在这之后，大荣运用福冈的经验，相继在1971年开了大阪京桥店，在1972年开了横滨户塚店和西口店等大型店铺。大荣不仅大量开店，还以前所未有的力度回馈顾客。[46]

就这样，大荣实现了最初的黄金期。1970年销售额达到1000亿日元的大荣在1971年达到了2000亿，1972年达到3000亿，1973年4000亿，1974年6000亿，然后在1975年超过了7000亿日元,简直是完美的成长。在"好货越来越优惠"这句简单的口号激励下，使员工的能力发挥到了极致。这说明中内功有着完美的领导力。

通货膨胀时代下的《阻止物价上涨宣言》

富有魅力的开店方式让大荣的名气一下子在社会中传开了。另外，通过在石油危机后打出"和通货膨胀斗争的"鲜明旗帜，大荣明确地站在市民一边的立场也让它的名气广为流传。

1971年（昭和四十六年）8月，美国总统理查德·尼克松宣布，暂停之前根据固定比率（1盎司约28克=35美元）的美元和黄金挂钩。美元失去信任被抛售，原本1美元=360日元固定汇率的日元迅速升值。同年12月回到1美元=308日元的固定汇率。最讽刺的是，这个时期低迷的景气刚刚进入上升期，出口产业就受到了很大的打击，物价也相应地开始了上涨。

1972年3月，大荣发起了"阻止物价上涨运动"，抵抗物价上涨。正好处在创业15周年的时候，大荣宣布"在未来的一年，36种常用日常用品的价格，即使比市场价格便宜也不会涨价"。这36种日常用品包括内衣、袜子等实用服装，牛奶、酱油、大豆等食品，洗涤剂、卫生纸、干电池、水桶等。大荣的90家店都在进行该运动。写下这个"阻止物价上涨"宣言企划书的是当时的销售企划部科长住田诚藏，他为大荣做的这个事情感到自豪。

住田诚藏说"我们讨论什么是只有大荣才能做到的事情。从1971年年末到新年1月,一气呵成地写出企划书……心里都是必须要替顾客对高物价做些什么的想法,但没有考虑到这么卖商品会很辛苦。"[47]

按常理说,大荣应该要举办庆祝15周年的庆典,但大荣员工的大多数人更希望"为社会发起革命"。公司员工想用明确自己的使命并为社会做贡献的方式来庆祝15周年。并不是没有人反对这一运动,觉得"价格失调的话就不好了",但是,从《35年记录》来看,员工们纷纷说"好像完全没有担心(价格失调引起)业绩""以此影响世界,让大家看看大荣的实力""以初进公司时学到的'顾客至上'精神为自豪"等。[48]

在社会上,很多人在最开始都是被人瞧不起的。中内功自己后来也说有人曾批评他"模仿美国超市冻结价格",所做的"生鲜食品中几乎没有有名的品牌"[49]。不过也有支持的声音,比如加藤宽(当时庆应义塾大学教授)就评价大荣称"很好地代表百姓传递了对政府物价政策的不满",中内功在《流通革命尚未终结》中记录到关西主妇协会会长比嘉正子指出"即使33种商品会对附近的店带来影响,但是结果是,顾客可以在一年内便宜地买到商品"。

按照比嘉正子的预想,全国各地的超市开始慢慢跟随大荣的脚步。这次运动虽然出现了在之前从没有过的通货膨胀，进货方面有很多辛劳，但还是持续了一年。但由于中内功的心情没有平复下来，所以又延续了一年，展开了第二次"阻止物价上涨运动"。

每日新闻（1973年3月15日）这样评价这个持续了一年的运动以及其他超市也相继加入的事情。"到去年3月中旬，中内功社长发起运动后，36种商品在这一年之内都没有涨价，而这期间批发物价持续高涨，零售业也从去年年末开始迅速涨价。对大荣来说，这是非常艰难的一年，但是无论如何都要克服价格冻结，跨过'商品不涨价'的难关。另外，就像中内功社长预言的那样，佳世客、UNI、西友等其他商店也相继采取了这一措施。"

价格冻结期间，本土品牌商品中也有一些厂商或批发商要求涨价或者难以继续进货的商品，也出现了不能继续冻结价格的商品。对此，大荣在商品开发方面通过置换的方式与此抗衡。

可是，在1973年10月，第四次中东战争爆发，石油输出国组织（OPEC）决定减少石油的供给，所谓的"石油危机"爆发了。不仅是石油制品，甚至是生活用品，几乎所有的物品都价格高涨。11月以卫生纸为开端，全国囤货骚动频发。作为价格冻结对象的商品在开始营业后不到10分钟全部卖光，现场相继传来"确保提供低价的商品,尽全力供给的才算是为了消费者着想"的声音。但是固执的中内功并没有停止这个运动,"都坚持到现在了,怎么能停下。无论变得多么破败,也要坚持到明年3月份。"中内功没有妥协,明确指示继续提供冻结价格的商品。[50]

大荣高举"好货越来越优惠"的旗帜已经有15年了,虽然它成为日本第一零售公司,但是仍然没有安于现状。即使通货膨胀加剧,大荣停止了15周年庆典,也一直进行着"阻止物价上涨运动",没有降下这个旗帜。社会上的人们应该都觉得这是一家可以实现自己想法的并且值得信赖的公司。大荣的想法和社会的需要完全一致。

注释:

1. 在形成中内功的理念和信念之外,还有一个人,是一位特别重要的选手。就是中内的弟弟中内力。1968年,围绕"大荣是做什么的公司"这个问题,由于两人看法不一致,导致大荣停滞不前。兄弟两人的对立是决定大荣乃至日本流通革命性质的一个重要转机。这部分内容将会在第二部分论述中介绍。
2. 川一男(2009),《川一男(2009四月采访)》中内润 · 御厨贵编《中内功将一生献给了流通革命的男人》(千仓书房)。

3 当时大荣员工工作的样子由大荣社史编纂室（1992），《大荣集团——35年记录》（アシーネ）中传神的记录。社史很好地记录了这一点。尽量收集现场的声音，毫无偏差的描写了当时大荣员工努力奋斗的样子。
4 渥美俊一（2007），《流通革命的真实》（钻石社），p185。
5 早期理论家有之前介绍的喜多村实和吉田日出男。已经介绍过，吉田日出男在1952年设立了社团法人公开经济指导协会。努力普及日本零售业现代经营管理。吉田日出男虽然是日本第一个超市经营者，但是后来成为经营顾问。详见佐野真一（1998），《天才》（日经BP社）。
6 矢作敏行（1997），《零售业改革的源泉》（日本经济新闻社），p51-p57。
7 当时中内功感觉到社会普遍轻视商人。朋友告诉他家人说"不能和商人的孩子玩"然后离开了他。渡边一雄（1990），《为什么秀和放弃西武投奔大荣？》（德间书店），p183。
8 中内功（2000），《流通革命尚未终结——我的履历书》（日本经济新闻社）p85。
9 上述，《流通革命的真实》p170-p186。
10 渥美俊一说，成为中内功的转机的是劝自己去美国的中内功自己。（上述《流通革命的真实》p179）另外，中内功访美后说到在报告会上第一次见到渥美俊一。[流通科学大学编（2006），《中内功回忆录》（学校法人中内学园流通科学大学）p169]微妙的差别，包括本文中的故事，亲密的二人之间有围绕着主导权的心理斗争。
11 比嘉正子（1984），《女声》（关系父女联合会），p42-p45。
12 中内力（2004），《中内力自传选择——都出自相遇》（神户新闻综合出版社中心）p55。
13 上述，《女声》p44，之后药价问题社会化，大阪药品零售总局允许自由打折销售。也就是说现金批发店的主张胜利了。但是同时现金批发店的寿命也终结了。在谁都可以降价销售的世界，现金批发店失去了价值。

14 上述，《大荣集团——35年记录》p104-p107。

15 上述，《流通革命尚未终结》p93。

16 上述，《大荣集团——35年记录》p83。

17 同上 p84。

18 同上。

19 同上 p62。

20 FUJICCO（2010），《创造一路 FUJICCO 五十年历程》（FUJICCO 株式会社）p22。

21 上述，《流通革命尚未终结》p59。

22 上述，《中内功将一生献给了流通革命的男人》所收的"冈田卓也采访"。

23 中内功在这之前，由商业研讨会成员的提议，1962年2月担任日本超市协会第二任会长。可是该协会在1964年停止活动。

24 上述，《流通革命尚未终结》p59。

25 之后，在1974年在关东厚木（21700平方米）、九州福冈（27000平方米）设置物流中心。

26 1968年制定了尊重消费者权益，以及规定支持该自立的消费者保护基本法。

27 上述，《大荣集团——35年记录》p120-p121。

28 同上 p121-p126。

29 "对中内润的采访"（2016年7月11日，采访人是作者）。

30 上述，《大荣集团——35年记录》p88-p89。

31 西友商店已经以西武沿线、中央线、常磐线、东海道线为中心开了5家店铺。

32 《每日新闻》1969年12月6日东京版。

33 上述,《大荣集团——35年记录》p92。

34 同上p93。

35 上述,《中内功回忆录》p188,上述,《(新版装)我的贱卖哲学》p53中内功这样写道:"有利用土地无中生有的能力,然后可以根据自己的能力提高地价。……可能赚到借款的10倍。"

36 同上,《中内功回忆录》p188。

37 上述,《中内力自传选择》p66-p67。

38 上述,《流通革命尚未终结》p63。

39 同上。

40 同上p64。

41 上述,《大荣集团——35年记录》p142。

42 详细参照第二部第一章。

43 上述,《大荣集团——35年记录》p148。

44 同上p144。

45 大荣社内报,《飞跃》。

46 不只是大荣。对手也开始施行改变街上人流的大规模开店策略。特别是伊藤洋加堂和佳世客引人注目。其中对于佳世客的组合和大荣有关。后面的章节中介绍。

47 上述,《大荣集团——35年记录》p160。

48 同上。

49 上述,《流通革命尚未终结》p93。

50 同上p95。

四 流通新秩序

1. 在"好货越来越优惠"之前
快速增长的影响

在这一时期,大荣的销售额的增长速度比任何一家公司都快。这在之前也已经说过了,总部组织的强化、快速地开店、综合超市业态的确立等,这些都是中内功的企划完美发挥效用的结果。在1972年(昭和四十七年)8月的决算中,三越的销售额超过了1305亿日元,总额达到1359亿日元,跃居日本零售业第一。

从1969年的"流通元年"宣言可知,流通方面开始出现了新情况。大荣的快速发展大大地改变了大荣的周边环境。本章将介绍大荣的高速发展给周围环境带来的不小的影响:一是与消费品厂家关系的改变;二是和各地商业街(零售市场)的对立关系。

对川上的垂直合并

大荣有很多进货源,大多是批发商,零售业者一般经由批发商进购商品。也有的零售业者采用"直接交易"的方法,把范围扩大到产地的农民或各个厂家,从他们那里直接进货,但是这种方法的效率实在低下。因此,厂家和零售业者依靠批发商中介的"间接交易"会更有效率,这样间接的交易方式在日本也确实成立了起来,并占据主导地位。

但是,中内功的目标不仅是有效地调配、提供商品,更是要尽力做到"向消费者提供低价",即"好货越来越优惠"。那么,这样意味着什么呢?为追求更低的进货成本,越过批发商直接找到川上的供给商,"垂直合并"是不可或缺的方法。

"垂直合并"有很多种意思,比如以厂家为对象的垂直合并,就有以下三种意思:一是资本统合,以资本参与厂经营(如大荣与王冠的合并)。二是参与经营,即参加交易对象的经营(如中内功入伙上照的公司)。三是通过合约合并。也就是说,在合约规定下获得厂家设备的所有权和使用权。因为大荣的经营结构可以明确让厂家或批发商了解自己的想法,因此无须再区分上述三种意思。[1]

大荣最初进军川上应该是在神户开店时,也就是在商品线上增加了牛肉、香蕉、苹果的时候。跨过已有的各种批发商,直接与产地的农民接触,这就是大荣引以为豪的商业模式,并成为"单品大量计划销售"的原型。从牛肉、香蕉、苹果这些农产品开始,发展到加工品、服装、日用杂货、家电产品。虽然同样是垂直合并,但是农产品和其他商品有很大的区别,农产品的供给者、厂家规模相对较小,交涉能力弱,而后者的供给者、厂家规模大,交涉能力也较强。

现在很多的农产品都有品牌。但是,当时有品牌的农产品很少,因此,在流通过程中,不论以什么样的方式经营(降价销售或是不贴产地名销售),都没有人抱怨。虽然大荣承担着销售不完商品的风险,但是在需求旺盛的情况下可以认同大量进货的经济合理性。[2]

不过,如果和品牌厂家成为合作对象的话,情况又不一样了。因为是标准化的商品,大量进货的优势虽然很大,但是好处也很有限。虽说零售店可以直接从厂家进购商品,但是并不能无视厂家的意思随意经营。越是品牌厂家越不允许商家随意销售。因此,以上两种进购商品的方式各有利弊。

加工食品方面的双规格方式

大荣的目标不是为了吸引顾客而暂时打折出售一流厂家的商品,而是要一直持续地打折出售,回馈顾客。也就是以沃尔玛说的"每天低价（Everyday Low Price，简称EDLP）"为目标。为此，大荣必须进购成本低且价格稳定的商品，于是先从加工食品领域开始慢慢向川上进军。加工食品有水产制品、肉加工品、乳制品、嗜好品（译者注：如茶、咖啡、酒）、调味品、果子类、冷冻食品、软罐头食品、罐装食品、速食等。和农产品一样，大多数加工食品的厂家规模小，分布的地区分散。因此，大荣不难发挥主导权。

但问题是乳制品、调味料、果子类、冷冻类等商品的厂家规模大，大荣要掌握主导权就需要实施各种策略，最典型的是下面这种做法：

决定了打折商品后，首先进购该商品并且储备起来，公司内将这种做法称为"战略储备"。如果合作厂家不希望打折销售从而谈判破裂的话，就抢在对方之前，从包括东京、九州在内的买方那里继续购买该厂家的商品，然后一点点地以低价销售。这样一来，厂家就会把打折的自家商品全部买下。大厂家往往会有自家产品的代理商，当这些代理商质问他们"为什么允许大荣低价出售"时，他们很难给出合理的解释。但是不管怎么样，做好作战准备的大荣既然已经做了"战略储备"，即使商品被买断也还能继续提供充足的商品。和厂家比耐力，大荣从来没有输过。

大荣对一些尖端品牌尝试了这种战略，如森永奶粉（森永粉ミルク）、日清食品、博多（エースコック）的拉面、渡边的果汁粉、雪印黄油（雪印バター）、日清色拉油、丘比沙拉酱（チューピーマヨネーズ）、雀巢（ネッスル）的速溶咖啡、日本RIIBA的人造黄油、麦克维尔（マクスウェル）的咖啡等。[3] 上述战略发挥了功效，大荣掌握了价格的主导权。但是，和这些厂家的战争是一场消耗战。于是，考虑采用另一种方法——双规格（简称为"W规格"）方式。

大荣向无法配合低价销售的厂家提出"（大荣和厂家的'W品牌'）W规格"的提案。厂家只要不是业界第一，一般都会很乐意答应大荣的要求。但是大荣真正想合作的是顶尖厂家，尽管顶尖厂家不会举双手赞成。这是因为同样的商品如果在大荣低价销售的话，品牌的批发店或是代理店就会不满。为了说服批发店和代理店，厂家们折中做出决定，不得不接受大荣提出的"W规格"提案。就这样"W规格"诞生了。

最初的"W规格"商品是和日本制粉（日本製粉）开发的小袋小麦粉（1kg），一款叫作"维纳斯"的商品。它的对手日清制粉（日清製粉），同种商品的售价是62日元，大荣定价59日元而大获全胜。进货价为51日元，因此大荣其实没有获得多少利润。

在大荣"W规格"中占据领先地位的是服装商品，大荣最先和东洋纺（東洋紡）合作。和食品领域一样，在合作交流搁浅时建议实行"W规格"。在1962年（昭和三十七年），在"W规格"下开始出售翻领衬衫。不过该衬衫不仅价格便宜，还增加了多种尺码，这种销售方式还是第一次。"为了促进销售，考虑到商品特性和顾客需求的重要性，于是着眼于多尺寸的销售手段。与负责缝制的丸新布帛（丸新布帛，即后来的富谷服装）多次协商，从原料到缝制，从扣子的选择再到扣子的缝制，一步步都严格把关，精心制作能够让顾客满意的商品。同时，尺码增多，颈围从36～43cm，袖长从72～84cm。"[4]

同样的颈围有四种袖长。大荣将写着"这个是你的尺寸"的卡片放入商品的箱子中，在卡片上印上漂亮的图片，让人舍不得扔掉。设置塑料箱陈列架，让人一眼就能看见尺码。大荣听取顾客的建议，改善领子和衬布的设计。缝制的线的粗细也从40股到60股，再到80股，逐渐多样化起来。最初的合约内容是40股涤纶混合，进价565日元，售价680日元，月销售额超过了6000件。对大荣来说，进货量确实超过了自身能力，但也正因如此，店里备受鼓舞。[5]因此，三年后每一年的销售件数都高达100万件。"丸新布帛"也分得了一成的收益，以这份收益新建了工厂并采用量产体制。[6]

"我们承担了生产任务,和大荣不是'生产后就结束'的关系,还要留意销售方面。"该社社长青山俊治说道。

大荣掌握消费者主权。我们也必须制作品质好且便宜的商品。为了降低管理费,从社长到大荣的柜台销售,每个人都付出了很多心血,为了大量生产付出的辛劳有多大就自不必说了。曾经因为年末歇业后加班,员工没有赶上末班车,我还开车送他们回家。[7]

该商品的另一个合作方是东洋纺。当时东洋纺的负责人说三个公司的关系都很好。他说:"东洋纺也提供了原料和资金,所获得的成功是三家公司共同努力奋斗的结果。大荣也给了青山绝对的信任。"[8]

当时在服装销售上,泉屋、NITII(当时叫鸽屋)等以服装为主的超市都很优秀,但是这两家公司都没有真正建立品牌。大荣开创先河并获得成功,有以下两个重要原因:

第一,如上所述,大荣、丸新布帛、东洋纺之间形成了很强的信任关系。[9] 用现在的话来说是"共赢"或是"共创"关系。大荣在那个时代居然就具有了创造这种体制的想法。

第二,大荣有"强大的商品部"。负责全公司商品调配工作的商品部具有调配商品的强大权力。如果连这点权力都没有的话,就很难完成"W规格"或是创建商店品牌。之所以这样说是因为如果各店铺单独进货的话，无法统计进货数量，也就不能给厂家施加压力。并且一旦店铺方面权力过重的话，好不容易开发的"W规格"也无法按照大荣的想法运行。无论如何，只有商品部具有压倒性的权力，才能保证和厂家共同开发的实效性。

"W规格"继续应用在1964年和GUNZE的合作上，发售了"GUNZE·青山内衣"。当时，GUNZE从原纱到捻线，生产具有耐穿品质的商品。[10]它经过和东洋纺相同的过程，达成"W规格"开发。价格折中了两家的要求，减去了15%。这个"W规格"也在内衣柜台上下了新功夫。如果商品按照原来的样子摆放的话，柜台一定会变乱。为了避免这种混乱情况发生，采用了事先包装好商品的做法。虽然这种做法在现在已经很常见了，但这在当时是业界的第一次尝试。这种做法和"W规格"相结合达到了事半功倍的效果，"GUNZE·青山内衣"在1970年占大荣整体内衣销售的一半，销售数量增长至全国内衣总销售额的6%。[11]

从农产品到食品、服装，再到日用百货、家电，都尝试了垂直合并。在电器和百货方面，目标和做法也没有改变。首先，跳过批发商和厂家代理店，直接和厂家交易。如果厂家不想直接交易，就以强硬的态度告诉他们大荣可以自主制造该商品。

但是,家电和日用百货业和之前的行业稍有不同,该行业的厂家规模大且数量小。

花王肥皂(现花王)和松下电器(现松下)就没有接受大荣的主张:1964年,他们相继停止对大荣供货,大荣对此也向公平交易委员会提出上诉。大荣和这两家公司的战争是之前从未有过的严峻对战,但这些厂家也有他们这样做的原因。下面,我们就来了解一下他们为何要这么做。

与转型期垄断厂家对决

家电和日用百货的垄断厂家,为了安稳地运转自家的大规模生产工厂和设备,建立了自己的渠道。促使流通业者努力优先销售自家开发的产品,形成维持价格的"流通系列化"结构。这是他们和大荣对峙的第一个理由。

家电行业中顶尖的松下不仅对批发商而且对零售商都进行管理,采取批发商和零售商只能经营松下的产品的方针,也就是推进批发店和零售店的自家产品专卖化。因此,松下具备了直达零售末端的流通管理能力。被称作松下商品专卖的本土商店网遍布全国,最好的时候有大约2.8万家店铺。

花王原本就是一家品牌意识很强的厂家。在20世纪60年代,花王特别积极地推进品牌政策的开展。洗衣液"ZABU",

衣料柔软剂·防静电剂"humming"，含氯漂白剂"HAITAA"，洗衣液"NEW BEADS"，牙膏"hello""merit shampoo""真白"等日本熟知的品牌，都是在这个时期诞生然后重点培养起来的。

对于花王来说，自家品牌是支撑起销售额和利润的最大资产。长期以来，不损坏品牌的价值是市场经营的中心课题。因此，不扰乱品牌商品的价格，保护品牌商品的形象也成为花王的必修课。为此，按照公司的经营理念建成了管理品牌商品的流通渠道。

这种不降价（维持商品最初的销售价格），重视优先销售自家产品的零售模式（专卖店制），对这类厂家来说是必不可少的。将低价销售商品的零售店和将自家品牌商品作为特价商品销售的零售商从供货的名单中排除，禁止或限制其经营自家的商品。这种重视品牌的厂家，他们和大荣的对立就是不可避免的了。

另一方面，很大一部分原因在于时代背景。1964年（昭和三十九年）到1965年，流通中的对立变得严峻。这时正处于东京奥运会后的奥运经济萧条时期。对于一口气登上高速增长上坡的日本厂家来说，可以说是第一次直面经济萧条，各大公司必须进行结构上的转变。"转型期"也是原因之一。[12]

事实上，各厂家的销量没有增多，库存在流通过程中堆积成山。为应对这一情况，各厂家的市场经营战略也完全改变。下面，我们再来了解一下。

从1955年开始，电视、冰箱等家用电器正式在日本普及，家电行业快速发展。领导这一潮流的是松下，在这期间实现了每年30%的增长。但是，1964年11月的半期销售额是50年来第一次出现收益下滑的情况。松下系列店铺都陷入经营困难的状态，支撑松下的经营网也陷入功能不完善的状态。松下为了打破这一严峻的局面，同年7月和全国的销售公司、代理店社长在热海展开座谈会，即"热海会谈"。在延期举办的座谈会上，幸之助反省了自己，并期待双方的共同努力，然后会议闭幕。在热海会谈后，幸之助亲自担任经营总部的代理部长，提出商店网的改革措施：有"一地区一销售"公司制、事业部门与销售公司间的直接交易以及新月销售制度三点。目标是完善一个能清楚传递到松下的松下流通网，贯彻定价销售。

同时，花王市场经营也有了很大的改变，设置了专属的销售公司，情况和松下相似。可是，花王的系列批发店无法处理甩卖，无法阻止自家商品流通到不希望进入的低价店或是作为打折商品出售，无法对自家产品进行流通过程管理，最后优先经营花王产品的零售商的销售额并没有增加。花王用尽所有应对办法，建立了自家专属的流通网，在1969年于九州成立了销售公司。

在花王有力的指挥下，花王与一个和花王有交易合作的批发商合资，成立了花王产品专属销售公司。独立批发商凑齐资本，设立花王专卖批发公司。这在常识上是让人难以相信的事情。虽说是将自己持有的一些花王商品权作为资本转出，但实质上等于是将商品权转移到其他公司。主导这个事情的花王会这样赌上自己的身家性命，也是因为对批发花王产品的专属销售公司有着很深的信赖。

这一构想取得了成功，花王销售公司陆续在全国各地诞生，1968年增长到128家。构建了全国销售网的花王在1968年7月将"花王—销售公司—零售商"这种流通渠道定位为"基本流通过程"，发表了只在特定销售公司销售产品的新战略。

在"转型期"的时代，大多消费品厂家都曾或多或少地努力加强对自家流通渠道的管理。这一市场经营的转变必然给大荣带来很大的影响。但是，需要注意的是，大荣的发展本身就是因为消费品厂商市场经营的转变而取得的。这波浪潮像回飞镖一样，回到大荣，涌向大荣。

于是，由于上述原因，松下和花王开始了与大荣无休止的战争。1964年，大荣大手一挥，直接超过厂家允许的零售价降价许可范围15%，以减价20%的价格销售松下的商品。为此，松下停止向大荣供货，大荣以其触犯了禁止垄断法向法院提出上诉。像上文已经介绍过的那样，这是两家对立的开始。

松下为找出流向大荣等低价店的商品的供货渠道，在产品上贴上秘密号码。这和医药品、食品、服装等厂家对大荣采取的策略相同。通过产品号码查清供货途径，接连击溃大荣的松下商品的进货路径。大荣开始打算和东芝等其他厂家直接交易，但是完善店铺，备齐丰富的货物也是1966年以后的事了。[13]

1967年10月，参议院物价特别对策委员会的议员团来视察兵库的时候，为了让他们了解这一情况，用特殊照映机照出印在彩电上的号码。议员们很吃惊，承诺会彻底查明此事。当时彩电的标价远远高于实际价格，出现"二重价格"问题。1970年11月11日，公平交易委员会的谷村裕委员长发表了讲话，称"有不正当标价的嫌疑"。大荣以此为契机，在第二天公开发售59800日元的13型彩电"BUBU"。这一和其他同类型产品相比便宜了4万日元的商品的出现，成为打破厂家主导价格的象征。

由此，对立和冲突加深了。那时中内功被请到松下幸之助的京都别府真真庵。松下幸之助请他到茶室中喝茶，松下说"别那么霸道了，考虑一下另一条路吧"，对此，中内功的回答很冷淡。后来他这样描述当时内心的想法。

过了一会儿，我只回答说"是吗"。松下有着"想给世人提供像从水渠中流出的水一样丰富的电器产品"的"自来水哲学"。我想，他本来是想说的是"如果你们停止低价销售松下产品，按照我们的要求销售的话，我们还会负责售后服务。所以，不要再做破坏流通路径的事了"吧。但是，我有我的贱卖哲学，对于价格决定权我不能妥协。"走向市场的商品该由供给和需求方决定"，本想这么反驳，但是我一下把这话咽下去了。我们都很明白对方的主张，但是，绝对不能同意对方。所以，只能冷淡地说"是吗"。会谈以破裂告终，走出真真庵的时候下雨了。松下撑着伞送我离开。在这之后，我们再也没有见过面。[14]

这个会谈发生在1975年。后来，在1994年（平成六年）2月，以大荣和忠实屋的合并为契机，大荣和松下以接管忠实屋和松下交易的形式达成和解。报纸上刊登为"历史性和解""决裂的闭幕"，但是这是在真真庵谈话对立20年后的事了。[15] 在食品和服装上比较简单地夺取了价格决定权的大荣，在电器和日用百货上则花了许多功夫，这是因为各个行业的竞争结构和流通支配程度不同。但是，虽然有这些不同，时代的趋势都是中内功预测到的流向，厂家早晚都会失去流通的支配权。

2. 和地域商业的严峻对立
各地反对开店运动的激化

企图成立连锁超市协会的中内功在1972年（昭和四十七年）发表了要求废除百货店法的声明，要求开店完全自由化。百货店法是以保护中小商业者为目的制定的法律。在新建、增建百货店时需要通产大臣（译者注：通商产业大臣，日本旧中央省厅通商产业省官员）的许可，关于营业时间和营业日也有细致的规定。在连锁超市还不发达的时代，由于只有百货店是零售业中的大企业，制定这一法律的同时，培育中小企业也是这个法律的重点。这个法律对成长显著的连锁超市也很适用。

以大荣为首的各综合超市公司为躲避该法律煞费苦心。1500平方米以上（东京特区3000平方米以上）的商店被视为百货商店适用于该法。在这个法律下开店必须要有许可。综合超市为了躲避该法，虽然是一个公司，但是根据商店面积每层都分别伪装成了另一家公司，这样在法律上就可以不被看作百货商店了，这被称为"疑似百货店"的方法。但是这种做法被看作恶意逃避法律的行为，被百货店协会和中小商业团体严厉谴责。

中内功作为协会会长尽力解决这一问题，最后百货店法被废止了。正确地说是随着"大规模零售店铺法（大店法）"的实施,百货店法逐渐被取代了。于是各综合超市公司没有必要再"逃避法律",以疑似百货店的方式开店了。

连锁超市、中小企业和百货店原本就都反对百货店法,于是以大店法取而代之。但是,连锁超市、中小企业和百货店的利弊错综复杂。中小企业主张在大店法的实施中仍要保留之前的"许可制"。这一主张对百货店和连锁超市来说就是没有通产大臣的许可就不能开店的严格条款。因此,连锁超市协会当然反对"许可制"。当时在和通产大臣中曾根康弘的商讨会上,中内功主张提交申请就能开店的"呈报制"。[16]另外,百货店协会担心大店法没有了许可制后,连锁超市会无节制地开店。这样,围绕大店法的成立三个当事人都各自心怀鬼胎。几经波折,中内功和通产大臣中曾根康弘的谈判终于有了结果,在1973年10月1日制定了大规模零售店店铺法(考虑消费者利益的同时,根据调整大型零售店的事业活动,正式保护周边的中小零售业者的事业活动机会,以零售业的正常发展为目的的法律)。

大店法以"呈报制"为基础。中内功等人使中曾根首相接受了"呈报制"。对此,中内功等避免了向工商业会议所申报的环节,最多向通产省(译者注:日本行政机构主体的内阁中12个行政省之一)或者通产大臣申报即可。因为如果让工商会议所受理的话,实际上可能会有变成"许可制"的。中曾根对中小商业者解释道，虽说是呈报制，但是，工商会议所不同意审议受理的话，审议就无法进行，因此实质上还是许可制。并对百货店承诺称政府不会放任连锁超市发展形成垄断的。

在"三方一两损"（译者注：日本谚语，形容每个参与方都会受到损失）的形势下，百货店、零售店和连锁超市姑且达成了一致。在连锁超市方面，本以为向通产大臣提出申报就能开店，但是实际上不是这样的。大店法最终变质为一种接近许可制的呈报制。这一变质给连锁商店的开店带来很大程度上的限制，最终也给连锁业界结构的形成带来了很大的影响。

熊本市的反对开店运动

大荣是在业界中开店最积极的公司，因此他们最直接地受到全国各地阻止大型店开业运动的冲击。其中，以熊本最为激烈。《35年记录》里详细地记载了这个过程。下面，我将大概介绍一下。[17]

熊本县是大荣在九州最后一个还没有开店的地方。在这里，大荣越过熊本向福冈通产局提交商场面积为43000平方米（其中租户店铺45万平方米）的大型店铺的开店计划。大店法中，提出了针对500平方米的店铺的开店规定：（1）提出申请书；（2）向当地说明；（3）开店零售商的申报；（4）在工商会议所的商业活动调整协会（商协调）上审议；（5）大规模零售店铺审议会（大店审）的结审等各种处理手续。只是，大店法中没有规定调整处理的期间设定，因此它可以无限期延长。

在接受大荣的申报后，熊本举办了商业活动调整商讨会，出席该会议的有当地商人、消费者代表、相关经验者。会议对要调整的四个项目（包括开店日、店铺面积、关店时间以及休业天数）展开商讨，开始讨论提出的计划是否妥当。商调协在1975年（昭和五十年）7月第六次会议上提出了"全员一致反对"的决议。直到这个时候，熊本工商会议所在议员总会上反对大荣在熊本开店。另外，熊本县经济常任委员会也支持反对大荣开店的决议。熊本全县刮起了反对大荣开店的风暴。

大荣决定再次申报。因为存在有的消费者委员没有进行正式的审议而提出辞呈，商调协的会长也以"审议缺乏公正性"为由辞职等情况。

无论在哪个地区开店都是这样，商业人士基本都反对开店，而消费者赞成开店，他们的意见总是不一致。熊本县也是这样的。赞成开店的消费者们要求商调协采取积极的对策，重新进行审议，并给予通产省行政指导。署名运动以1975年12月开始的熊本市消费者联络协会为中心，共有11万人（后来增至15万人）参加。

大荣在1977年3月向福冈通产局提交二次申报，同年3月得到建筑确认申请书和认可。在第二次申报中提出将面积缩小到28955平方米（其中租户占8913平方米）。由于面积减少，有的商业街和自治会开始同意开店。

在这样的舆论背景下，同年10月21日，大荣开工盖楼。反对大荣开店的商业街没有因此停止反抗，成立名为"现代协青年行动队"的组织，不择手段地妨碍大荣盖楼的工程。商调协在10月29日没有做出回复。接着在1978年3月，大荣进行了第三次申请，但也没有起到作用。最后，大荣申诉到了大店审，申请被驳回后又企图进行第四次申请。其间，大荣再次一一到现代协、工商会议所询问，但他们都不予回答。于是，大荣再次委托大店审，终于在同年12月5日得到了结果。但是，这次认可的商场面积只有13000平方米，被大幅削减了。

以上就是大荣在熊本开店的大概经过，程度虽然不同，但这种反对开店的运动在各地频发。熊本市市议会决议反对开店，而京都市决定五年内禁止开大型店。以大荣为首的大型综合超市的开业因大店法遭到严格制约。

大型店开业的制约一直持续到1991年（平成三年）大店法修订。大店法从修订到最后被废止是受到美国的压力，因为美国希望日本开放市场。在1990年2月以缩小日美贸易差为目的举办的日美构造协议上，美国提出"大店法是非关税壁垒，应该废止"，这也成为日美构造协会的一个焦点。协议的结果是大店法被修订，工商会议所调整大型店开业的商调协制度也被废除。从这以后，大店法的实施有了大幅度的缓和。

《大规模零售店铺法（大店法）》的结果

简单整理一下实施了近20年的大型店开业限制潮流给大荣以及流通业带来的影响。

限制大型店开业的商业街运动出现了前所未有的激烈状况。商业街业主猜到了大型店开业会给自己带来损害，因此反对大型店开业。当然，他们的猜想没有错，大型店开业确实给他们带来了很大的影响。在限制缓和后的1991年（平成三年），商业街和小商店像掉落的吊桶一样一下子失去了自己的地位。根据"商业统计速报"，截至2014年零售店的数量低于80万家，是1980年（昭和五十五年）的一半以下。

小型零售店消失不全是受大型店开业带来的压力影响。使用家庭员工的零售业经营也是有限度的，只有家族经营是他们的强项。但是，商人家庭也有很大变化。聚集家族成员经营店铺这件事已经变得困难，这也加剧了其凋零。不仅有外敌连锁商店，小型零售店内部也有敌人。[18]

对大荣来说，大店法有什么意义呢？其实是功过各一半的。由于该法成立之后，开店和扩大店铺销售面积受到制约，大荣的发展不得不减速。这是"过"。但如果没有现实中出现的开店限制，大荣将席卷全日本。这个之后会介绍，按照1981年的"四万亿日元构想"的预想或许就是设想大荣已经实现了席卷全日本的目标。

事实上，比大荣晚五年成立于美国的沃尔玛在这个时候开始迅速扩大规模。这时，大荣的销售额已经超过1万亿日元，而提出"四万亿日元构想"是在1980年前后。当时，沃尔玛的销售额是16亿多美元，换算成日元是1600亿日元左右（按照当时的汇率，1美元换算成100日元）。沃尔玛在20世纪80年代规模扩大了20倍，20世纪90年代销售额达到320亿美元（按1美元100日元的换算是32000亿日元）。在这一时期，大荣的规模也没有那么逊色，一番比较高下后可以试想一下，如果能像美国那样持续自由开店的话，大荣会是怎样。

然而，现实是大荣开店阻碍重重，束缚了大荣综合连锁超市的扩大战略。大荣不得不制定可以完全替代扩大战略的新发展战略。这使大荣产生了新的危机。

另外，功过的"功"有两方面。一方面是大荣灵活运用了大型店开业的反对运动和开店限制的政治性机遇，将它们作为第一个战略契机。中内功原本考虑开展最大限度活用连锁规模经济的商业，但大型店开业的限制使其延后了。"不尽快开店的话就不能再开店"成为领导公司内部组织的口号。从某种意义上说，风险就是机遇，因此结果就是按照之前介绍的那样，从1969年到实际施行开店限制的1974年的五年内，全国新开了70家新店。

另一方面是在限制以后，竞争对手同样也被限制开店了，这对大荣来说发挥了意料之外的有利作用。因为，当时的大荣已经是日本最大的连锁店，在很多地区已经开了店。这也就是说，在大荣已经完成开店的地区，大店法使大荣在这期间保持了稳定的垄断地位。但是，从长远来看，这件事情给大荣带来的负面影响，在后面我们会谈到。

3. 转型的大荣
追求多路线战略

在大店法实施后，中内大荣即将开展新的事业之时，简单回顾一下之前中内大荣的发展历程。

在和大型垄断厂家以及开店反对运动的战斗中，大荣进行了三个重要的创新。第一是新零售业态的开发：以"药店"开始，到备齐生鲜食品的"综合市场"，再到销售服装和家电的"综合超市",直到开设具有娱乐购物功能的"购物中心"。第二是"扩充公司总部机能"。中内功从美国回国后,以施行总部汇总集中进货体制为目标,建立强有力的公司商品部。同时,迅速尝试"总部基础设施"建设,并企划设立公司物流体制和公司内部品质检查部门。第三,在之前已经详细介绍过:从食品到日用百货再到电器机械,尝试对川上的"垂直合并",这是形成"W规格"和超市品牌建设的结果。

这些举措都是中内大荣最先尝试的。需要再次注意的是,这些道路绝不是唯一的道路也不是必然的道路,大荣有其他选择。[19]

比如,有作为药店发展的道路,也有作为超市发展的道路。事实上,也有像松本清、杉药局那样作为连锁药店,或是像LIFE、YAOKOO那样作为连锁超市成长起来的企业。又或者,不选择总部汇总集中进货的体制,重视每个店铺的进货,备齐适合各地区的产品,也可以把物流机能、品质检查机能外包出去。也可以不采用垂直合并的形式进入厂家领域,只做商人要做的事,运用主观能动性达到"好货越来越优惠"的目标。

中内大荣没有选择这些设想的"另一种道路",而是选择了扩大商品种类、总部汇总集中进货、自办基础设施以及采取垂直合并的道路发展前进。

大多数公司相继选择了大荣所选择的这条道路，只是在某些程度上有所差别。于是，综合超市这个产业应运而生，他们也履行了确定这个产业的基本结构的职责。[20]

但是，已经成为大型零售企业的中内大荣企图转换战略。在给中内功提供建议的父亲中内秀雄去世，弟弟中内力又离开了的这个时期，中内功非常不安和苦恼。这时，他遇见了临济宗高僧山田无文大师。中内功和大师在1975年5月共同出版了图书《对谈·生意和禅》(春秋社)，他在《流通革命尚未终结》中这样描述当时的心境。

一边毫无根据地提出"接下来是1万亿日元销售额"的高目标，一边深深地感到不安。信任我的父亲已经不在了。想到这里，突然出现"我的选择对吗"这样的疑问。这种时候开始追求精神上的救赎，后来遇见了临济宗秒真寺的管长山田无文老师……我向老师诉说了工作的困惑和不安后，老师开导我说"你不是完成了为了大众这种菩萨心肠的初心了吗？如果能把最初的想法坚持到底，即使什么时候死了，也没什么遗憾的了。"虽然我听了老师的话后依然很困惑，但也是很有帮助的，我感到父亲死后一直存在心中的对自己的怀疑渐渐散去。"如果对社会有用的话，你的公司一定能留下。"这样可靠的一句话让我坚定了在我有生之年要一直这样做下去的想法。可谓是为了自己的理想达到了"废寝忘食"的境界。[20]

进入20世纪70年代,这是中内功在事业上有很多烦恼的时期。就像之前已经说过的那样,由于各地大型店的反对开店运动、大型店开店管理政策的阻挠,综合超市开店变得困难。大荣认为只有发展才是利益的源泉,因此大荣以最大限度提高了开店的速度,但是也面对着不得不降低开店速度的情况,这就使得大荣必须再次探讨公司的基本方针。从此,中内大荣前进的道路变得曲折。中内功后来回忆道:

事业的挑战从"药"开始,然后认为"进入嘴里的东西都是药",增加了果子、肉等食品。再来和食品一样,又开始经营和生活密切相关的服装、家具和家电。不仅增加了商品种类,还为了顾客能选择"买东西的场所",在集团中加入专卖店和百货店。另外,为了邀请大家享受"闲暇时光",在各个地区建立宾馆和剧场,增加生活空间方面的"齐全店"。[21]

之前是"大量单品计划销售"的单一道路,但此后开始追求多业务复合道路。(如图1所示)

中内功瞄准的第一条道路是按照从前打折店的"大量单品计划销售"的路线。这种做法在20世纪90年代以"巨型超市"的形式得到实现。第二条道路是发展百货店、便利店等复合零售业,走上包含具有饭店、金融等复合服务业的多业态联合商

图 1 大荣复合路线战略

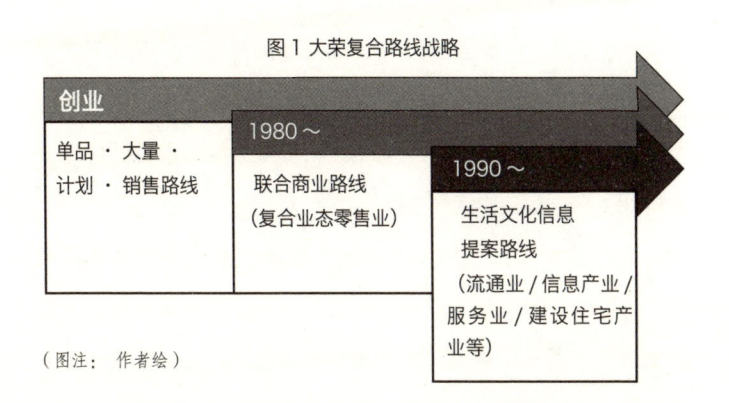

创业		
单品·大量·计划·销售路线	1980～ 联合商业路线 （复合业态零售业）	1990～ 生活文化信息 提案路线 （流通业/信息产业/服务业/建设住宅产业等）

（图注：作者绘）

业的道路。第三则是将这些产业一体化，走大规模的城市建设、文化建设的道路，即"生活文化信息路线"。这在新神户东方城市、福冈双穹顶构想中被具体实现了。

店铺观念的转变和企业内部整改——碑文谷店的经验

接下来，中内功寻找可以取代"大量单品计划销售"的新的基本方针。1975 年（昭和五十年）4 月 1 日，大荣在东京目黑区的碑文谷开店了，这对大荣来说是一次转机。"按照消费者的生活场景建造商场"是该店的创意概念，这是博思艾伦咨询公司的提案。[22] 大荣的商店之前是按照电器、家具、日用百货、服装等产品的类别摆放商品的，现在打算尝试分类为服装、私人护理或家庭休闲和娱乐等，按照消费者的生活方式设计和布置商场。大荣将"顾客至上"作为集团的基础,但是从未尝试过"站在消费者生活的立场上建造商场"。发展至今,大荣有必要考虑从价格层面向以消费者的生活提案为核心的生活信息企业转变。中内功这样回忆这件事:

  到目前为止,我们只是和本土品牌厂家争夺价格的主导权,那时的关键是以什么样的价格提供商品才合理。但是从现在起,我们要找出消费者真正需要的商品,将这个信息告诉厂家……在这种情况下,我们自己必须要先做到信息产业化。我认为信息的提供不只是针对厂家,对消费者也同样重要。大荣已经逐渐变成主动询问客人如何使用商品的生活文化信息提案企业了。[23]

"信息产业"或"生活信息产业",这两个之前从来没有出现过的词是中内功提出的。1973年石油危机后的时代,被称为消费者的消费意识变化时代,中内功凭借敏锐的直觉捕捉到了这一变化趋势,大荣就这样开始策划"低价脱销",大大丰满了事业的羽翼。生活提案型商店说起来简单,做起来却很难。为此,中内功打算进行公司整体的再构建。首先,尝试改变超市商品的分类体系。根据商品分类体系的变化改变商品编码。商品编码一旦改变,从公司内的订货到和客户的合同,所有的交易形态都会改变。

在公司内导入新的商品分类体系有三个目标：第一个目标是按照顾客的购物喜好进行商品分类。第二个目标是尽量地降低管理成本（包括减少商品条款数、降低交易难度、增加购买人数、提高管理密度）。第三个目标是重视可以预知的高需求商品（比如和未成年人、休闲娱乐有关的产品）。

由此，大荣确定了四个商品组。第一组是服装和私人护理（衣料、服饰、装饰品、化妆品）。第二组是食品。第三组是家（家具、室内装饰品、洗衣机、冰箱、床上用品）。第四组是休闲、DIY、娱乐类（休闲娱乐相关产品）的商品。因此，大荣和客户的关系、公司的结构也发生了很大的改变。[24] 第一个试行地是碑文谷店。碑文谷店的商业设施从选址的角度来看并不好：单独选址，周围没有其他商店；停车场小，主要的交通方式是公交车或是步行。但是，从建立生活提案型商店方面看来，这是很合适的地方。由于山手线（译者注：从品川经新宿到田端的铁路线）外侧就是一片住宅区，所以碑文谷店能够以优先享受新生活的高收入人群为依靠。

碑文谷店的楼层安排，第一层是食品，第二层是女士用品，第三层是婴儿、儿童服装，第四层是男士用品，第五层是生活用品，第六层是兴趣休闲产品，第七层是家具、床上用品。这种以生活方式分类建造设置的商场，在今天没有什么特别之处，是如今百货商场一般的楼层安排的方式。但是，这在当时是最新的安排方式。

如今商场的构成与以前的商场相比有了极大的改变。比如在碑文谷店中，电器就分散在好几个楼层，电池分散在七个地方，照明用品被安排在家具室内装潢区域，原本在服装布艺区的床上用品被转移到生活用品区域，洗发露和肥皂也被转移到生活用品区。

开业后的碑文谷店被评价称是符合时代的尝试，顾客的评价也很高（《日经流通新闻》1975年4月24日）。刚开业时的销售额虽然没有达到预想，但是《日经流通新闻》《周刊钻石》都报道"大荣这次全新的卖场结构，在给消费者带来新鲜感的同时，还对公司内外产生了很大的影响"。与此同时，与大荣合作的批发商十分辛苦。伴随着生活提案型商店的开业，批发店不得不扩大商品的经营范围，负担也因此变大。中内功对此强势地回道："现在已经不是在百货店、专卖店、超市等零售业态中竞争的时代了，应该像大荣、三越等企业，以不同的企业形态来竞争。大荣导入新的商品分类，也是为了表明这一态度。"[25]

尽管大荣为此充满干劲，但是店里的业绩仍旧停滞不前。销售额经过3个月后跌落到目标值的85%（《日经流通新闻》1975年9月22日）。于是，商店马上把商品的价格范围提高两级。

以食品为例，在食品中大量引入进口食品，引进数量是芝士的三倍，生鲜中备齐高级水果和一千克的布洛克肉（8000~10000日元），鲜鱼中增加刺身类。

问题是高价格的商品在大阪总部商品事业部进购的传统商品中没有充足的存货。因此，和大阪商品总部的交涉持续了好几天。随着和商品总部的不断交涉，措施慢慢有了效果，适合碑文谷店的商品渐渐齐全了。[26]

日用百货和男士卖场也调整了商品组成。例如，电动刮胡刀还是像以前卖场的布置那样转移到了家电卖场，因为想买电动刮胡刀的男士什么都不想就径直走向了家电卖场。

下面详细介绍一下碑文谷店的工作，战略转变不是简单的一句话就能够讲明白的，这里面有很多辛劳我们无法想象。大量单品销售体制下进货采用总部汇总集中进货是可行的，但在单品价格较高的消费者生活方式下的"一家店购物体制"中是不可行的。

中内功在大荣创业以来，对"总部汇总集中进货"体制倾注了很多心血。在总部设置强有力的商品总部，巩固总部集权制。另一方面，大荣增加商品的进货量、降低进价成本，策划增加店铺数（扩大卖场面积）。在这种意义上，只要有决定在哪开店的"社长"和汇总进购本公司所有店铺商品的"商品部"以及管理配送进货、店铺商品流向的"电脑"和根据工作手册工作的"店铺营业员",商店就完全可以运作下去。最后就建立了这样一个体制,即"建造大荣商场的是总部'商品部'。而各个店长又在'商品部'建造的商场中不停地卖着'商品部'备齐的商品"。[27]

尝试向生活提案型概念转变的做法与大荣之前的组织体制和方针有所不同。因为要向每个顾客进行生活提案,因此无法在总部集中汇总进货再向商店配送商品。各个店开始注重主动去适应目标顾客的购买需求。

为此,必须完善各店铺(地区水平)的进货体系,加强店长的自主决策权。于是,从总部集权到分权、扩大店长在现场的自由决策权、店长的人才培养成为新的组织课题。两个对象的比较如图2所示。

就这样,大荣组织中出现了两个互相矛盾的要素,中内功曾说,在大荣必须进行"集权的分权"就是因为这两个相互矛盾的要素。[28] 但是中内功自己也说,"这说起来容易做起来难啊"[29],也是因为它们相互矛盾。

走向联合零售业的道路

这一时期,中内功企图导入像碑文谷店那种新模式,同

图 2 大荣的两个路线

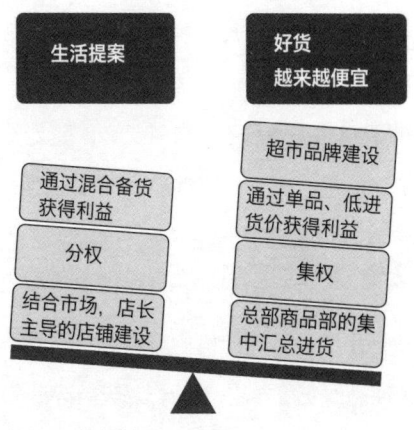

生活提案	好货越来越便宜
通过混合备货获得利益	超市品牌建设
分权	通过单品、低进货价获得利益
结合市场，店长主导的店铺建设	集权
	总部商品部的集中汇总进货

（图注：作者绘）

时提倡"联合零售业构想"（译者注：这是一种复合零售业，即包括百货店、超市、打折店不同种类的商店）。首先是餐饮业，有1969年（昭和四十四年）的船长厨师，1970年的DOMUDOMU和牛排屋弗鲁克斯，在1971年成立的大荣休闲餐厅和developer的龟野开发。中内功说"打算进行大荣周边商业的直营化，即'周边商业直营化'。"[30]

中内功设想的"联合零售业"必须有百货店。1980年（昭和五十五年）3月，大荣和巴黎的青春百货店合作，成立青春日本，一年后一号店在神户三宫开业。中内功认为要想百货店经营走上正轨不能缺少日本大型百货店协会，他还打算把高岛屋作为备选的合作对象，但是这个合作因为很多复杂的原因最后没能实现。

和美国的罗森牛奶合作是在1975年6月大阪丰中市罗森便利超市开业的时候，比7-11便利店一号店开业晚了一年。[31] 备齐"聚会食物"，开始24小时营业，进行了各种各样的尝试和摸索。1985年《orange page》创刊，成为购物的消息源，主妇们最有效运用的是新闻中的小广告。中内功认为在这里刊登商品信息和商品的使用方法，对主妇每天做饭很有帮助。于是，他聘用了原《经济》杂志记者马场贞子为主编。创刊号印刷了25万本且全部售完。

中内功也在打折店的开发上下了功夫。1979年导入big荣，1980年导入TOPOS，1981年继续导入D mart。

最成功的是TOPOS。它最大限度地寻求不使用经费的店铺经营方式，建造仓库型店铺，不使用瓦楞纸包装商品。店内的颜色也统一是黄色和黑色，购物袋收费。营业时间也很短，从上午11点到晚上7点。在大荣已有的店铺中，将那些在竞争中无法胜出的店以店铺狭小、没有停车场等理由，转换为TOPOS的经营形式。这种转变经营方式的方法是联合零售业的目标之一。这个企划非常成功，TOPOS也在成立后开始快速发展。[32]

导入打折业态的同时，也进行低价商品的导入。关于双品牌的导入，之前介绍过的和王冠合作的家电产品"BUBU"的导入就是其中一个例子。为了将其进行得更加彻底，便有了在前面提到的"压倒性便宜"的PB导入。第一次尝试是"NO BRAND"品牌。"有个人从美国带来一个名为RARUFU的超市的PR用宣传册"。宣传册上介绍了一个名为"plain lap"的商品，白布上有一根蓝色的线，包装简约。中内功马上飞到洛杉矶，亲自确认这件商品并把它买了回来。[33]

回国后，在品质管理中心分析商品的成分，和日美的顶尖品牌学习比较，开始以相同的概念创造商品，在1978年发表了白布上只有一根蓝色带子设计的"NO BRAND"品牌。随后，中内功将酱油、色拉油等13种食品品牌化又追加了10种日用品。中内功彻底节约原料费、容器费，也省掉广告宣传费，实现了以比本土品牌商品便宜三成的价格出售商品的目标。创业以来，首次以商店品牌的形式进行PB商品的开发，但是这个想法是在创业之初就想好了的。两年后，不仅价格便宜还重视品质和机能的名为"SAVE BIG"（译者注：和NB商品有着相同的品质，并且以能大量节省生活费的概念起名为"SAVE BIG"）的PB商品的开发也开始了。

《脱离超市》宣言——根据麦肯锡提倡的 SBU 体制

1980年（昭和五十五年）以后，上述多业态及生活服务事业顺利进行。大荣集团下聚齐了包括综合超市大荣、百货店青春、打折店和便利店这些主要的零售业态。服务业包括餐饮，还增加了金融、出版事业等。

和大荣并驾齐驱的西武季节集团也以同样的方向为发展目标。他们高举"综合生活产业"的旗帜，除了百货店、GMS、便利店等零售业态外，还向剧场、宾馆领域进军，开始具备设计涩谷、尼崎大型商业设施等商业一条街的能力。

以百货店为核心的集团东急、阪急等也开始摸索从百货店到 GMS 再到连锁专卖店的联合商业体制。另外，GMS 系的伊藤洋加堂、JYASUKO 虽然到此中止了很多项目，但是公司还在继续经营便利店和连锁专卖店。[34]

这样的话，"百货店公司对综合超市公司"或"综合超市公司对便利店公司"，又或者"综合超市公司对打折店公司"，这几种零售业企业之间的对决色彩被冲淡了。具有多种模式的大荣和同样具有多种模式的西武季节集团、东急集团或者伊藤洋加堂、JYASUKO 等联合商业间的竞争开始。为了在这样的公司竞争中取胜存活下来，联合商业必须坚持多种战略、多种组织并存的结构。

但是，问题是多种事业和组织如何有效且高效率的经营。这正是大荣必须直面的瓶颈。

大荣之前虽然成功逆袭，提高了销售额，但是在那之后并没有拿出令人满意的经营成绩。自1972年上市以来，从70亿日元（同年），到100亿日元（1973年），150亿日元（1974年），再到220亿日元（1975年），营业利润顺利地逐年增长着，但是在1976年跌到210亿日元，这是上市（创业）以来的第一次利润下降。之后，到1980年销售额从7000亿日元上涨到1万亿日元，营业利润也随之增长到340亿日元。只是，销售额虽然势头向好，但是销售额营业利润率最多在38%左右。作为业界翘楚来说，这样还是太低了。别说要展示作为老大的威严了，这样的结果还不如伊藤洋加堂和JYASUKO。另外，表示零售企业经营效率的"交叉比率（译者注：销售额利润率 × 盘点资产周转率）"也比对手低，收益率则是当时业界大公司的最后一名。

当时大荣正是规模扩大期，其实他们也可以尝试后期收益性会大大改善的先行投资论。但是，当时中内功并不这样认为，他不相信战略先行再将其转化为利益的做法。应对这一现状，决定集团方向和集团建设很有必要。于是，1981年，中内功聘请了世界性企业顾问公司麦肯锡，寻找运营复杂战略和组织的

销售额达到一万亿日元时喜悦的笑脸

结构。

麦肯锡提出了三个变革。第一是复杂的牵扯重叠战略,以组织为战略单位(SBU)划分。第二是策划地方分权。第三是从重视个体向集团全体的管理者转变。[35]

本来事业划分就有三个切入点:一是按照顾客类别划分的方法;二是按照产品类别划分的方法;三是按技术类别划分的方法。结合零售业来说,按照技术类别划分有零售业态类别事业部制;产品类别划分有医药品、食品、衣料等制品类别的事业部制;顾客类别划分有地区事业部制等。这些做法各有优劣,但是麦肯锡和中内功同时选择了顾客类别事业部。

因此公司风格大大改变,将所谓"地区事业部制"具体化,在全国设立了关东事业部、近畿事业部等7个事业部。虽然设立了7个地区事业部,但只负责给公司总部收集传递信息,不过这也成为公司的中心组织。各地区事业部将多种业种(产品)和多种零售业作为手中的资源,结合各地区的顾客需求进行商店建设,都想要建立各种类型的店铺并备齐货物。

中内功以这样的形式完善战略组织体制,在1982年11月发表"只卖货的超市时代结束"和"脱离超市"的宣言。以"脱离超市"为口号,瞄准进一步的发展,提出"四万亿日元销售额构想"。[36] 只能说这是大荣将出现的矛盾作为新成长机遇的策略。

注释:

1 事实上,这三个区别很重要。因为用哪种合并方式,实际的成果会有很大区别。由于第一种方式使大荣产生了很大的赤字。后来中内功反省资本合并方式后这样说道:"流通业是应对变化的行业。拿面包举例,比如从最好的货源那买到最好吃又最便宜的面包就可以了。因此,零售业在某种意义上是按天算钱的生意。但是,厂家有生产设备,一旦投入生产就很难抽身。厂家和流通业者果然是在不同的世界里的这个道理我是交了很高的学费后才明白的。"[中内功(1994)雨中的真真庵中说"不要霸道走向王道"]《月刊经营塾》1994年2月临时增刊（经营塾）。

2 农产品不是那么能发挥进货经济性的产品，原因是农产品很难确保大量进货的量和质。因此，生鲜三品没有先进货到总部，而是直接进货给各店，他们有不少可以供货的零售商。

3 大荣社史编纂室（1992），《大荣集团——35年记录》（アシーネ）p60-p61。

4 同上p66。

5 同上p65-p68。

6 丸新布帛也是和大荣共同成长的公司之一，该公司在2009年破产。

7 上述，《大荣集团——35年记录》p68收录了青山俊治的回忆。

8 同上p68-p69收录了四角正则的回忆。

9 同上p66-p69。

10 同上p69。

11 同上p69-p70。衣料品在之后导入了钟纺、日纺等W规格。

12 "转型期"一词在昭和37年版《经济白皮书》中使用后开始普遍使用。

13 上述，《大荣集团——35年记录》p128-p130。

14 中内功（2000），《流通革命尚未终结——我的履历书》（日本经济新闻社）p77-p79。

15 花王在1965年反对大荣大幅降价销售花王产品，因此停止产品供给。两家再次合作是在十年后，没有和松下那么长时间。原因是花王作为停止供货根据的在销售制度被废除了。

16 上述，《流通革命尚未终结》p61。

17 上述，《大荣集团——35年记录》p247-p254。

18 关于这点，参照石井淳藏（1996），《商人家族和市场社会》。

19 有"价值网络"的观点是克雷顿·克里斯滕森（2001）在《创新的二

难推理（增补改定版）》（翔泳社）中提倡的概念，指的是产业交易的网络构造。制造汽车的日本厂家制造发动机，但是把轮胎外包。电气零件在分公司制造。另一方面，在同样的交通工具机械制造业中，发动机、电气零件、轮胎都是从外面购入。汽车和飞机虽然同样是交通工具机械制造业，但是由本公司制造和在市场调配的是有区别的。或者，即使同样是汽车制造业，日本和美国，在什么是本公司制造，什么在市场调配方面也有不同。创造什么样的价值网络是由产业自身性格决定的。这里说的"产业基本情报"是指价值网络。

20 上述，《流通革命尚未终结》p81。

21 同上 p84。

22 上述，《大荣集团——35年记录》p191-p198。

23 名和太郎（1997），《巨大的零售集团大荣的全貌》（国际商业出版）p272-p273。

24 上述，《大荣集团——35年记录》p182-p186。

25 《周刊钻石》1975年4月26日号（钻石社），根据收录在94页的文章"在挑战'生活方式商场'新商品分类中以增加顾客为目标的大荣。"

26 野村证券的事例研究。

27 大西良雄（1986），《可怕的大荣》（KOO书房）p29。

28 中内功（1996）"中央集权的分权主义"《VOICE》1996年6月号（PHP研究所）。

29 流通科学大学编（2006），《中内功回忆录》（学校法人中内学园流通科学大学）p255。

30 同上 p242。

31 业界顶级的大荣到处策划新事业的事情到处都有。据中内功说，7-11、麦当劳也希望合作。

32 业态能顺利地转换是联合商业大荣的基本战略的强项，但是这也有

145

劣势，有失去"综合超市确保的顾客和商圈"的风险。伊藤洋加堂、JYASUKO为了踏实地守护住已有的顾客和商圈费尽了心思。然而，在手上有业态转换方法的大荣看起来对"确保商圈"没什么兴趣。

33 上述，《流通革命尚未终结》p96-p97。

34 田村正纪（1982），《流通产业大转变的时代》（日本经济新闻社）中，生动地展示了这个时期业界内各公司直面的各个问题。

35 SBU（Strategic Bushiness Unit），是指具备独自挑战和组织以及必要资源的独立事业体组织。拿军队来说，就是为了在战场上打仗配备必要的设备、装备、人员的师团。它是以哈佛商业学校的职员为中心开发的"战略计划"的想法为基础诞生的概念，在多角化，具有多种事业的公司（GM、松下电器等）中视作珍宝的方法。

36 中内功后来曾说道"像松下（电器）事业部那样的……"，表明了对松下的理解。松下是"产品"类别事业部制。虽说都是事业部制，但和大荣"顾客"类别的事业部制不同。两者只在公司内设立独立事业部，施行分权经营这点相同。同时，中内功说，自己的部门没有像松下电器那样顺利地发挥作用。理由是，大荣的所有事业已经都分公司化，因此不能充分反映总部（公司）的意向。上述，《中内功回忆录》p256。

五　不断革命

河岛博的"V革"

联合商业构想并没有顺利进行,虽然在实现过程中种下了新事业的种子,但是结果并不顺利。中内功也注意到了这一点,他后来也疑惑:"原因究竟是什么?是'时机不好'还是'发展方式有问题',或者是因为'我像育儿妈妈那样太唠叨了'。反复思考也不知究竟是为何。"[1]

造成赤字的直接原因是被称为"P""C""B"的三个事业,分别是百货店青春日本、音响厂商王冠、盒子商店(译者注:限定商品的仓库型商店)big荣。大荣的收益十分不好,以至于旁人都在背地里说"PCB污染",中内功自己也接过刚刚的话说:"收益尤其糟糕。"

不仅如此,大荣总部的状态也不好。在1982年(昭和五十七年)11月的结算中,70%以上的店铺收益比去年少。到1983年结算时,全店基准销售额也只是上涨了一点,已有店铺的销售量下降，经营利润大幅下降三成以上。大荣总部不能再弥补分公司的亏损。中内功判断到"大荣整体需要做手术"。[2] 加之这时，成为临教审委员、加入日本经济团体联合会、创建大学等，中内功开始忙于料理大荣以外的工作。

通盘考虑，中内功考虑把大荣传给长子中内润，从外部聘请河岛博（1930—2007）为总经理。河岛博作为日本乐器制造（现雅马哈）的社长，一直以出色的表现活跃于商界。河岛博具有海外销售经历，也很了解休闲娱乐业和音乐行业。中内功相信他的实力，亲自去说服他加入大荣。

河岛博提拔大学毕业一年到三年的年轻干部，为重建大荣，打造了三年计划，即所谓的"V革"。还不到30岁的专务中内润，也成为计划的成员之一。1983年3月，计划的重点放在改善分公司结构和提高大荣总部的创收能力上。

这时，会长兼社长的中内功并不在成员之列，他说："之前了解'独裁者中内功'的人可能都不敢相信，我在这时把从计划立案到执行的全部工作都交给了年轻人。我偶尔会跟他们讨论或提问，他们上交的计划基本都会被采纳。"[3]

解决以河岛博为中心的问题的详细内容在第二部中介绍，在这里先介绍成果。在1981年，大荣集团整体结算日常盈利为36亿日元，但是在1982年为负65亿日元，1983年亏损上涨为负119亿日元。自河岛博上任后，亏损缩小到负88亿日元，1985年转变为盈利10亿日元，第二年（1986年）恢复到28亿日元。"这个成功让大荣集团的重建有了成果，这很大程度要归功于大胆且冷静地进行手术的河岛博。"[4]中内功这样高度评价河岛博的功绩。

可能是看到了大荣的复兴，中内功在1987年不断地采取行动，首先就是将河岛博从经营领导层中剔除。同年2月，中内功决定全面支持RICCAR（译者注：日本以前的一家缝纫机企业）的重建，并成为财产管理人，将河岛博作为代理派去做社长。[5]

接着，任命长子中内润任副社长，从中内功的经营策略中能明确看出他要传位于中内润。只是，中内功依然担任社长，对于重要的决议案依然没有放手主导权。[6]

综合超市的业界竞争激化

隔了三年的空档期后的1987年（昭和六十二年），中内功重新掌握了大荣的主导权。但是，大荣的经营变得不再简单，综合超市（GMS）事业面临着严峻的竞争：一方面是直接竞争对手的力量比之前增强了许多，另一方面是之前还未出现过的新对手开始慢慢出现。

有关竞争对手的典型案例,可以从与佳世客的竞争说起。

长年任中内功秘书的大友达也说道:事情要从很久之前说起。在1970年前后,大荣以破竹之势在各地开店,受影响的自然是各地区的老商人们,甚至连小规模经营的超市群体也大受影响,佳世客就是其中之一。[7]

以大荣香里店为例。1968年大荣香里店开业,在它的附近就是佳世客的寝屋川店。佳世客寝屋川店是合并了前超市SIRO时代的店,没有停车场,规模也只有大荣香里店的四分之一,无法和大荣的新店一较高下,很快便倒闭了。大友达也说,它是被大荣香里店"碾压了"。

刚刚完成合并的佳世客以小型店铺为主,而这些小型店铺的整合及废除正是待解决的一大课题。随后,佳世客在1975年确立了一个明确战略,即在发现了大店法成立后的变化后,建立共存共荣型的"购物中心",在人口10万人以下的中小城市开店,确保地区第一大店地位的战略。这个战略也是和大荣对抗的对策。也就是说,大荣当时发表了从关西到九州"像项链形状那样在中国地方(译者注:位于日本本州岛西部,日本的一个地区名称)开店的'项链构想',还有包围东京开店的'首都圈彩虹作战计划'"。这些计划后来都接连实现。对此,佳世客尽量避免和大荣等大型超市直接竞争,在东北、信越等大型公司不打算进军的地区开店。[8]

拿兵库县来说，与大荣向姬路、明石、三宫、西宫等大城市商圈开店相比，佳世客在人口3万至5万的三木市、小野市开店。因为是小商圈，佳世客确保了在此商圈中"第一大店"的地位，坚信只要在配货品种上下功夫，吸引到当地的顾客，就会有充足的利润。事实也证明了这一点。

成立佳世客的冈田卓也（现任永盛名誉会长顾问）说过，只有"确保地区第一大店战略"才是零售业的要义。同时，他指出关于第一大店的霸权争斗才是贯彻流通革命最基础的理论。[9]

随着在地方开店积蓄公司实力，佳世客也开始在大城市的中心地区经营成为地区第一大店的巨大店铺。与之前的情况相反，佳世客的巨大店铺在开业之初，就把已经在附近选址开店的大荣逼入艰难争斗的态势，发生了20世纪60年代后期的逆转现象。

寝屋川店也就是佳世客寝屋川的GREEN CITY，在十年后的1978年开业了。寝屋川店占地22667平方米。佳世客核心店铺中有95家专卖店，是一座含有可停放1000辆车的停车场的购物中心。1968年开店的大荣香格里店的客流量、销售额骤然减少，在2005年（平成十七年）倒闭了。

这一趋势到了20世纪80年代以后更加醒目。1984年（昭和五十九年），佳世客在埼玉县川口市新开了一家带有可停放1000辆车的停车场，面积为7840平方米的大型超市。而只有2446平方米的大荣琦玉川口店的销售额剧减，虽然进行了店铺模式的转换，但还是在1999年倒闭了。1986年，在大阪茨木市面积为9999平方米，带有可停放7000辆车的停车场的佳世客新店开业了。商场面积只有其一半，停车场也只有其五分之一的大荣茨木店（1968年开业）为应对此事也进行了店铺模式转换，但还是在2002年（平成十四年）倒闭了。在大店法限制不断缓和的1993年，佳世客在那霸市的那霸店以19000平方米的商场面积和可停放3000辆车的停车场的优势条件开业了。在离国际大街很近的冲映大街上开店，且没有停车场的大荣那霸店（1975年在反对运动中艰难开业）也在2005年倒闭了。1994年，佳世客在大阪高槻市的郊外开了一家面积为15200平方米,带有可停放2500辆车的停车场的店。大荣的高槻店(1971年开业)在1988年转型为TOPOS,但商场面积只有其三分之一，最终在1999年倒闭了。[10]

在20世纪70年代，大荣天马行空般走在流通革命的前列。但到了20世纪80年代，大荣也开始面临竞争的压力，对手们的实力着实增强了不少。这时（1982年2月结算），大荣销售额为14000亿日元，营业利润为370亿日元。与此相对，伊藤洋加堂的销售额为10000亿日元,利润为500亿日元;西友有8200亿日元的销售额,200亿日元利润。而佳世客的销售额为7800亿日元,利润为260亿日元。[11]

廉价专卖店的出现

"流通革命"一词看着简单,但是推进革命的相关业者并不完全相同,如果能够注意到这一点的话就可以将"流通革命"划分为三个阶段。流通革命的第一阶段是在20世纪60年代前后,正是中内大荣占主导地位的时期,这在之前已经介绍过了。第二阶段发生在限制大型店开业的时代,从1975年开始到1990年,包括大荣在内的各大综合超市公司的开店数量都有所减少。[12]该阶段出现了新的组成流通革命的成员,即服装、食品、便利店、家电、DIY、药、饮料、书籍、家具等特定商品特殊化的"专卖量贩连锁店"。它们乘着限制大型店开业的东风不断在道路两边开店。大店法的开店限制的第一种是针对店铺面积超过3000平方米(特别区·指定城市超过6000平方米以上)的大规模零售店。第二种是关于大规模零售店,店铺面积超过500平方米以上就会成为限制对象。当时的连锁专卖店纷纷采用在道路两边开500平方米以下的店来逃避限制的方法。

这些专卖店将经营限定在特色商品中,以价格优势来竞争。

中内功自己提出的"大量计划销售单品"的销售模式还没有经营特定商品的专卖量贩连锁店贯彻得彻底。[13]

在专卖量贩连锁店进军的商圈中,其他商店都不得不减少对该种类商品的经营。因此,他们也被称作"品种刺客(品种杀手)"。作为品种刺客,玩具店Toysrus很有名,经营衣料的青山商事、青木国际,销售药物的松本也都在这个时代扩大了他们的店铺网。中内功说,不是"杂鱼干和裙子加起来是第一"就是最好的,"杂鱼干第一"或者"裙子第一"在这里才是最重要的。[14] 随后,"杂鱼干和裙子合起来第一"的GMS和确保"杂鱼干第一"或者"裙子第一"地位的连锁专卖店在价格方面被迫展开了严峻的竞争。

伴随大型店开店限制的缓和,竞争日益激化

1991年(平成三年),作为大型店开业限制调整核心的商调协被废止,对大型店开业限制大幅缓和。之后,各地的大规模店铺、购物中心顺利开业,竞争状况完全改变了。

永旺继续按照之前推进的计划,在和地区商店共存亡的旗帜下,高举"地区第一店"的目标,在各地开设大型的购物中心(SC)。伊藤洋加堂也和永旺一样,追求地区第一店的目标,其经营战略十分强硬,已经掌握的商圈就绝不会放手。伊藤洋加堂一边不停地进行店铺的整编,一边对关东圈进行彻底保护,特别是常磐沿线的商圈。[15]另外,7-11的社长铃木敏文在1992年成为了母公司伊藤洋加堂的社长,领导7-11完美地完成了从GMS到便利店的转化。[16]

永旺和伊藤洋加堂这两家公司继续确保了他们在零售业的顶峰地位。永旺的购物开发事业和伊藤洋加堂的便利店事业分别成为支撑两家公司的收益性事业,收益高且稳定。[17]在大店法的限制下,沿街的连锁专卖店也开始了店铺大规模化,不过有成功的也有失败的。在家电量贩连锁店中,紧跟着小岛的发展,山田电器也开了大型店,确保了在胜组的席位。经营衣料的优衣库和岛村,以及经营家具的似鸟也在胜组的行列中。

20世纪90年代,这些专卖量贩连锁店的成长引人注目。比如,从家电量贩店来看,在90年代初,小岛、山田电器、伊藤洋加堂、佳世客,各家的家电年销售额都达到了数百亿日元的程度。在2000年,伊藤洋加堂和佳世客的年销售额几乎稳定不变,但小岛和山田却取得了快速发展,分别达到了4000亿日元和3000亿日元的年销售额。[18]

总而言之,在大型店开业限制的框架内,一直稳定地处于地区市场第一名的商店发生了很大的改变。这一时期的竞争可谓是相当激烈,昨日的胜者沦为了今日败者。

生活文化信息提案路线

面对量贩店的积极攻势，中内功绝不会逆来顺受，而是像"要活到125岁，还有50年可以拼搏"[19]那样充满活力。他在20世纪80年代后期制定了两个方向，其中之一就是在神户和福冈的硬软一体型街道建设，也就是之前描述的第三条路。

新神户东方宾馆和 OPA

1982年（昭和五十七年），中内功在山阳新干线新神户站附近买下了18000平方米的市有地。这里是神户市营地铁山手线和北神急行电车新神户站连接的一处便利的场所，1988年新神户东方宾馆（现ANA王冠广场宾馆）就是在这里开业的。中内功有这样一个构想，"将店铺开在地铁站里，下班回家的人们可以顺便买些东西回去，或看场剧，或者吃顿饭，又或者去蹦迪，这里可以成为他们享受闲暇时间的地方。"在这里，创建了从地下三层到地上三层共有192家专卖店进驻的购物中心OPA以及有639个座位的神户东方剧场，还有弹球盘店（译者注：弹球盘是风靡日本的游戏）和小酒馆。宾馆和专卖店街和剧场成为一体化的复合商场设施，大荣将其命名为"新神户东方城市"。剧场上演的第一部剧是蜷川幸雄出演的《假名手本忠臣藏》。中内功重视大众文化，期待剧场能够上演"通俗易懂的戏剧"。

在福冈创造以职业棒球为核心的娱乐空间

新神户东方城市的建设一口气做到了1988年，这时，中内功宣布买下职业棒球队南海Hawks。20世纪五六十年代，Hawks在鹤冈一人的执教下持续独占太平洋联盟的霸主地位，和中央棒球联盟阪神虎平分关西的人气。但是，它后来没有较好的发挥，成绩大不如前，成为母公司南海铁电的负担。就在这个时候，大荣将其买下了。

据大塚英树所说，中内功最初似乎没有将职业棒球球队的经营当成生意。因为大荣是以大众为对象的生意，因此会有和某个特定的球队关联不太好的顾虑。但是，中内功从西武铁道收购了皇冠打火机并经营西武狮（译者注：一支隶属日本职棒太平洋联盟的球队）获得巨大成功一事中受到刺激，自1979年西武狮被收购后，到1988年取得了六次太平洋联盟的优胜，成为五次取得日本第一的太平洋联盟的霸主球队，获得了很高的人气。

Hawks总部定在了九州福冈，是因为那里自西武狮离开后再没有霸主球队出现过，因此对新球队的期待变得更加强烈。中内功把包括球队教练在内的球队发展的所有事务都交给了根本陆夫。根本陆夫动用了被称为球界第一的人脉，聚集了许多有实力的选手并开始进行队伍的强化训练。

福冈以迅猛的速度发展,中内功也参加了博多(译者注:福冈七大行政区之首)的特产节,并在博多祇园山担任山笠台上(译者注:福冈山笠节跑山活动的指挥),那是以挂着绶带、头上缠着毛巾的样子在高度3米的山笠上高喊"哦哈,哦哈"的职务。对67岁的中内功来说,这是个苦差事,但他还是顺利地完成了,因为中内功认为,为了得到福冈市民的信赖,他什么都愿意做。

在福冈的工作进一步正式化之后,中内功提出了福冈双穹顶构想。他让二儿子中内正做Hawks的经营高层。中内功似乎打算让长子中内润继承零售业,二儿子中内正继承服务业。

1993年(平成五年),福冈穹顶球场首先建成了。虽说如此,但是经营球场需要一定的知识储备。举办棒球比赛的日子一年中只有60天,此外的300天怎么使用这个球场成了问题。于是,他们导入了美国"棒球场"的想法。这里不仅可以观看棒球比赛,还可以举办各种运动会、演唱会、展示会。这里还配备了贵宾室,虽说现在VIP座席在哪个球场都有,但是在那时还是最新的设施。在外场席开起了运动吧,是为了在没有比赛的时候也可以每天正常营业。1993年,穹顶入场者达到了496万人,第二年共有458万人,都大大超出了当时预想的400万人。球场旁边的Sea Hawk酒店(现福冈希尔顿Sea Hawk)也建成,福冈出现了从未有过的娱乐空间。

虽然大家关心的大荣Hawks没有因此变强,但是迎来了球界超级巨星王贞治作为教练。终于在1999年取得太平洋联盟优胜并荣获日本第一。当时,日本还没有出现这样大规模开发的运动娱乐事业,将球队这种软件和球场、宾馆这种硬件融为一体。中内功在神户、福冈进行着将"整个城市"与文化融为一体、共同创造的充满浪漫色彩的工作。这里包括剧场、球场、购物中心、棒球球队等所有的配套资源。这种尝试,和小林一三建造阪急电车的同时,在铁路沿线建造住宅、游乐园、运动场、百货店,吸引乘坐阪急电车的顾客的做法一模一样。

中内功的榜样——小林一三

中内功通过上述方式继续扩展他的事业。受到流通业的影响(大荣、罗森、青春除外),大荣逐渐向信息产业(Sun电视、兵库FM广播、Orange Page、Recruit)、休闲娱乐产业(大荣休闲地、福冈大荣Hawks)、服务业(美利坚公园东方宾馆、Sea Hawk酒店＆度假村、新神户东方剧场)、房地产业(一见、Recruit Cosmos、MARUKOO)进军,最后实现倡导生活提案型产业。[20]

事实上,这时候的中内功已经将小林一三充满浪漫色彩的事业思想作为范本。小林一三的著作非常多,他都一一阅读了,甚至编著了《小林一三经营语录》。

小林一三的事业思想和当时中内功的做法确实有很多相似之处:

第一,两人都以创造市场作为事业的宗旨。关于中内功市场创造的做法就不再赘述了,小林一三对中内功而言是前辈般的存在。小林一三把横跨宝塚、箕面这些铁道铺设到大阪的中心梅田,那里原来是几乎没有人居住的田野。铺设铁路需要控制投资资金,小林一三在这种情况下仍然预先买下沿线周边的5万坪土地,在这里建造高档住宅,铁道建成后再转让出售。之后,宝塚的游乐园、丰中的运动场、箕面的动物园也是一样的做法。紧接着,创立宝塚少女歌唱团,又企划全国高中优胜棒球大会(全国高中棒球锦标赛的前身)。小林一三不仅在有人居住的地方铺设铁路,还从零起步铺设了新的铁路网,吸引了新的客流。[21]

第二,他们总是站在消费者或大众的立场上思考如何做生意。小林一三就是中内功提倡并实践的"顾客至上"宗旨的先驱者。比如,中内功幼年时期被带去的阪急百货店的餐厅里就蕴含着小林一三的智慧。这个餐厅以咖喱、蛋包饭等西餐为主。这是因为小林一三考虑到了西餐和日料相比更好更便宜,并且具有符合更多人的口味等优点。

另外，在大正时期建造的宝塚大剧场也凝结了小林一三的思想。小林一三最大的希望是"以不降低喜剧的本质为前提，努力迎合国民的期望"。于是，他按照消费者的生活状态和感受来开展自己的事业。观众拿努力攒的钱去看剧，要让每个人付出的每一分钱都物有所值，这正是小林一三事业的出发点。要做到"一日元看佳剧"，结论就只能是增加剧场的容纳量。于是，小林一三建造了能容纳1500人的大剧场。但是，问题出现了，剧场必须要盈利。小林一三想了很多办法，比如缩短营业时间，削减窗口的营业员，为吸引客人常来光顾剧场提供冷暖气服务和饮食服务……从百姓能够接受并主动购买的价钱上来决定生意的规模，这种做法和上一章介绍到的中内功的"大量计划销售单品"的方式如出一辙。

第三，同样是凭着对欧美的向往开始他们的事业。像之前介绍过的那样，中内功是以对美国富足生活的向往作为其事业起点的，小林一三也是一样。在铺设的铁路沿线出售住宅，这些住宅都是没有榻榻米的洋房。尽管住宅没有卖完，他也从来没有放弃建造洋房。有逻辑的小林一三也有毫无逻辑的一面，但是这也表现了他想让西式生活浸透日本的想法。[22]

第四，市场创造的投入有很大风险，因此失败的案例也有很多。小林一三自己也举过一些失败的例子。虽然在箕面建造了以自然的形式观看野生动物的动物园，但是由于管理运营困难而倒闭了。在宝塚建造了室内游泳馆，但是因为水太冷了，客人不愿再来游泳而倒闭（之后变为宝塚少女歌剧院的舞台）。铁路沿线的土地、住宅的出售虽然很顺利，但考虑到居民的便利而设置的小卖部、俱乐部也因为运营不善而倒闭。顺便说一下，这些小卖部、俱乐部是接近卫星城的SM或娱乐设施，采用居民自营的先进方式运营，但最终还是失败了。

很多事业都没有按照小林一三预先计划的路径发展。原本计划在箕面和有马间建造一个箕面有马轨道，但是由于和有马温泉一方的协商没有进展而被迫中止。计划实施建造连接梅田和神户的铁道时，小林一三打算将这个计划卖给当时的大公司阪神电铁，但是也因为交涉没有进行下去而中途夭折，他说："因为这些挫折，我在这一时期失去知己，信誉扫地。"[23]

中内功也有不少失败的事业或没有按照计划进行的工作。下面主要介绍的是以巨型超市为首的折扣店事业、"PCB事业"等，最糟糕的是这些成了中内功的致命伤。但是，对拼命创造了市场的他们来说，"额前伤"就是勋章，我们不能只注意到他们的失败而忽略了他在世间展开新事业的那些赫赫之功。

新旗帜——将日本物价减半！

虽然计划开展充满浪漫色彩的事业，但是"好货越来越优惠"的精神并没有衰退。20世纪90年代是后泡沫时代，虽然泡沫破裂，但是主要基调是日元升值。1990年（平成二年）1月，1美元等于140日元，1994年跌到1美元等于100日元，直到1995年4月，1美元可以换79日元75钱。这样的通货紧缩和日元升值的经济动态被中内功视为绝佳的机遇。"将日本物价减半"是日本经济的课题，处在流通顶层的大荣认为自己有责任也有可能为之。

大荣执着追求商品的低价销售，具体措施有三个：第一，企图开展打折零售业态。第二，以低价购入为第一条件的"压倒性进货量"。第三，开发PB。可以说这些是中内功为进行商品打折进行的三个组合措施。下面我们按顺序来介绍。

关于打折事业，之前大荣开发了多种店铺，包括从1979年开始的big荣、TOPOS（1980）、D-Mart（1981）、BANNDOORU（1985）等。中内功有结合时代开发打折企业形态的想法，也有按照渥美俊一的话说不能确定"打折的形式"的看法。[24] 但是发展至此，他也开始计划导入真正的巨型打折超市（1989），巨型超市也成为世界的潮流。当时，沃尔玛和家乐福是世界最先进的零售公司，一起摸索新的打折业态。中内功也加入他们，为了一决胜负，开始了巨型超市事业。[25]

巨型超市是食品超市和日用品打折店的复合体，目标是通过店铺低成本化打折销售商品，减少所有不必要的浪费。商品种类也只限定为必需品，选址在地价便宜的郊外，这样在建筑和商品陈列上当然也不会花多余的经费。在香川·坂出市开店的巨型超市的厕所甚至都没有使用马桶，只是简陋地搭建了蹲便的坑。在商场中，商品大量陈列在货架上，顾客用手推车选购食品或其他日用品。考虑到店铺规模和平时的客流量，将停车场的停车数量定为8000辆。和当时佳世客和伊藤洋加堂建造的巨大店铺相比，商场面积和停车场都相对较小。

大荣企图在全国开展这一模式。1988年从北海道的钏路开始，第二年到兵库县二见开店。接着1993年3家店，1994年5家店，1995年3家店，到1996年开了26家店。

第二个措施是构筑全国SM连锁。"如果以十万人一间店的比率开店，那么目标要开够1200家大型店。"[26]

1990年，故交秀和公司的小林茂率先提出购买主要超市公司股份的计划。[27]小林茂提倡超市龙头企业的大团结，获得忠实屋、稻毛屋、长崎屋的股份，成为忠实屋的最大股东。打防御战的忠实屋打算以第三方分配增资分摊稻毛屋的股份，目标是降低秀和的占股率。但是，秀和禁止发行新股票的请求得到了法院认可。事态变得扑朔迷离。

中内功"作为流通业界主导企业,具备不同的自信和责任,放任这一问题"是他不能做到的[28],记者报道了1990年12月他与秀和一起担保忠实屋的股票2800万股,进行了700亿日元的融资。中内功在和忠实屋合作强化关东圈基盘的时间点上,宣布大荣、忠实屋、YUNIIDO、DAINAHA四家公司合并。覆盖从北海道到九州再到冲绳的日本第一家全国SM连锁店诞生了,一年总销售量合计25900亿日元,店铺数356家,商场总面积253万平方米。这样宏大的规模,大荣无疑迎来了最佳时期。

中内功透露,光是关于这四家公司的合并,就引来了一部分媒体的严厉批评:"已经不是追求扩大规模的时代了。"[29] 但是中内功当然不是这么想的。中内功认为"本土连锁零售业具有巨大的销售能力,这个销售能力能转化为进货量,就具备了对抗以全国垄断为目标的巨型厂商的能力,这样才能在水平相当的立场上进行商品开发"。[30] 中内功自创业以来重新高举商品开发的旗帜。[31]

第三个措施。中内功几年来的主张是所谓的连锁商店就是"没有工厂的厂商(无工厂企业)"[32]。

因此,大荣在PB开发上经常超过其他公司。像之前介绍的那样,在20世纪60年代初期,开始了在食品、服装上开展PB（当时是超市品牌），然后扩展到家电制品，但并不顺利。然而，PB之火未灭，1978年出现"NO BRAND"，接着在1980年引入"sale big"。这两个PB在1984年被统合成"new sale big"。但是,进展同样不顺利,同年引入"daily use经营法"，尝试开展商店。这不免让人觉得西友"无印良品"在1980年进入市场有种大荣翻版的感觉。

20世纪90年代，"sale big"引起了一股新的气息，即在日元升值的背景下，和海外企业合作进行企划、开发、生产的"开发输入"手段。中内功迅速抓住这一潮流，"首先接受顾客的需求。先是去拜访世界最好的货源供应商，和当地的供货商一起进行商品开发"，中内功这样给进货的负责人发出指示。"巴伦西亚橙汁"就是代表。橙汁进口限制在1992年得到了缓和，中内功认为这是一个绝好的机会，便着手调查全球的橙汁货源，其中就关注到了巴西生产的晚生橙子。这种橙子酸味少，价格也比佛罗里达的橙子便宜两成。在1992年3月，用比平常橙子便宜100日元的价格购入这种橙子，以1升198日元的价格发售。

大荣和巴西的厂商直接签约，以便宜的价格进货，在附近的加工厂加工，用自己公司的流通网进行销售。这种做法正是"没有工厂的厂商"的经营手段。最后的结果是销路状况良好，在1993年实现了以168日元销售。[33]

努力的结果是,"sale big"在1993年2月获得"日经最优秀商品·服务奖的最优秀奖",评价它"以可靠的品质和低廉的价格为基本概念,以VIP顾客、从业员在商场中听到的顾客的声音为基础,从消除顾客不满的视点出发开发商品。和市场销售的同等商品相比便宜三成到五成,以压倒性的低价获得了顾客们的支持"。这时,"sale big"增加到了339种,一年的销售额超过300亿日元。[34]

多路线战略的挫折

以上,介绍了1990年以后努力实现"物价二分之一"的大荣的事业进展。但是,1995年(平成七年)1月发生了阪神大地震,只能说这是大荣的运气不好了。对此,关于中内大荣的应对方法在下一章中再介绍,以神户为发祥地的大荣受到的损害比任何地方都严重。大地震的受损总额仅大荣就攀升到了400亿日元,1995年2月份的最终亏损为256亿日元,成为上市以来第一次最严重的赤字。

地震以后,中内功理所应当地提出"业绩恢复"是当前经营的首位。他决定关闭赤字店铺,把人员调动到集团公司,彻底削减现有商店的成本,新店也只集中在巨型超市上。但是,这些对策都没有效果,且"事与愿违"。中内功后来说道:"现有商店的服务水平下降，业绩更是下滑。期待的巨型超市的业绩也没有上升。"[35]中内功后来反省到，巨型超市的"过道露出毛坯很不美观。店里没有服务员。服务和商品种类都不好"。[36]

结果是在地震一年半后的1996年8月的年中结算中，经常性净利润（译者注：日本常用的会计术语，可理解为利润总额）还不到预想的一半以下（还不到60亿日元）。"V字复活"的目标没有成功。在结算发表会上，中内功反省说："这些年一直重视低价、大量、销售规划、系统等要素，但是从消费者的需求、必需品的角度看，只是刚刚迈出了几步路。"

中内功重新加强现有店铺的营业能力，让调过来的500名员工重新回到商场。增加投入进行店铺改装，总部主导的进货也变为店主主导，努力进行马上能向营业部反映客人声音的组织结构建设。但是，这些也都没奏效。1997年2月的经常性净利润只有5亿日元。1998年2月，受到消费税上涨、就业不稳定引起的消费低迷的打击，赤字又跌落到258亿日元。为应对此事，1998年1月，为配齐当地所需的商品和加速店铺运营，中内功将综合超市部门分为七个地区进行权力下放。巨型超市方面，投入100亿日元努力进行全面改装。即使加上这些努力，商店的业绩也没有看到起色。[37]

虽然有地震这个灾难，但是大荣的业绩为什么不能恢复呢？

下面指出一些原因，从环境、战略、组织三个方面进行梳理。

第一，可以认为大荣所处的环境是原因之一。像之前介绍的那样，零售业在残酷的竞争环境下面对着各种强劲对手，商场面积过剩成为常态。从商业统计表数据来看，1994年综合超市的店铺数是1804家，商场面积是1139万平方米，销售额是99956亿日元。2002年，店铺数减少若干家变为1668家，商场面积则有1353万平方米，约增加了19%，销售额为85151亿日元，减少了约15%。这期间，商场的面积扩大了但销售额却没有跟着增加，商场面积生产性跌落近30%。这表明轻视销售而只在商场面积上展开竞争。

第二，战略问题。中内功追求全国连锁，但这个战略是否适合那个时代是个问题。事实上，4家商店合并而成的"全国连锁构想"并没有达到中内功的预期。因此，中内功转换为实施地区类事业部制度，将全国划分地区，这和他一贯追求"全国连锁"或"连锁规模利益"存在一些矛盾。

同时，也有意见称中内功误解了市场需求。关于中内功1988年以后倾注心血的巨型超市，他反省时只说是"迈出了几步而已"。也就是说，中内功作为蓝图描绘的"打折业态主导的世界"，即使在25年后的现在，也不知为何仍然没有在日本社会占主导地位。

在这一点上，全球企业家乐福和沃尔玛也犯过同样的错误。2000年，当时世界第二零售企业家乐福积极参与日本市场，但仅仅四年就从日本市场退出。另外，世界第一的沃尔玛和西友合作，虽然现在仍在继续进军日本市场，但没有像预想那样发展，他们是不是在理解上有些偏差呢？[38]

第三，有意见认为是组织的问题。大荣的收益性没有改善是大荣内部的原因，也就是集团组织的问题。指出这一点的不是别人，正是中内功一生的盟友渥美俊一。

在上一章第二节中谈到了大店法对大荣的功过。"功"的一面是，大店法在成立以前，给大荣带来了很强的开店欲望。成立后限制其他商店开店，保证了大荣在各地区安定的市场地位。这一点之前已经介绍过。但是这个"功"从长期来看，到底怎么样，至少有两点问题。

第一，即使能在短期内获得垄断利益，但从长期来看，大荣满足于垄断利益而减少了对革新的欲望。对于没有竞争威胁的商圈而言，减少投资欲望并不奇怪。但是仅仅满足于这样的状况，不再进行投资的话，店铺、设备老朽陈旧（很难怪到限制上），就很难应对新锐专卖连锁店对手们的进攻。

第二，在没有竞争威胁的市场中，组织会产生"懈怠"。渥美俊一认为这和大荣的衰败相关并指出了大荣的几点经营不善。

他的话让人印象深刻。

销售额异常上涨的现象消除了所有经营上的缺点。实现这个的是……受1974年大店法的影响。大店法让已经有地区第一大店的零售商常常继续占据地区第一的地位。……由于商场面积排名在25年间没有发生变化，经销商对大荣倾尽所有服务，于是造就了大荣商品部的懒散。[39]

令大荣感到自豪的强大的商品部一直掌握着大荣的发展命脉，是提供动力的司令塔。商品部有权利调配大荣各个店铺需要的各种商品。在商品部具有这种集中调货权利的情况下，使得大荣在和厂商的交涉中会趋于有利地位。就这样，商品部帮助大荣获得成本优势。另外，商品部对店铺甚至还有指导能力，在这样的背景下，大荣和交易厂商合作，积极进行商品的共同开发。这种独裁力无疑是引导大荣高度发展的重要因素，但是，渥美俊一说，在保证地区NO.1的背景下，大荣自满于已经得到的在公司内外的"优秀地位"。[40]

为了带来安定收益往往会期望一个安定的市场。但是，集团有时反而出现懈怠，作为发展引擎的企业组织或制度就变成了企业发展的桎梏。优势不能一直是优势，但是发现优势变为劣势的时机又很难把控。

中内功的决断

在经历1987年（昭和六十二年）的"V字复活"之后的十年间，中内功追求多条路线发展的战略，接连采取措施。"V字复活"后，不仅总公司的收益恢复向好，泡沫经济中将土地建筑作为公司附属品的战略也奏效了，多条路线发展的战略正是在这个背景下展开的。此外，中内功将此作为本金从银行得到了大额的融资。下面重新整理了一下这一时代中内功的投资事件。

在日经平均股价超过两万日元的1987年，RICCAR开始重建，新神户东方宾馆获得了经营权。1989年大荣倡导"巨型超市"新业态，加入日本梦想观光经营活动。1989年（平成元年），大荣在东证的股价达到史上最高价38957日元，同年花费2000亿日元建造穹顶球场、度假村酒店、主题公园的"福冈双穹顶构想"发布。1992年收购Recruit，1993年合并以忠实屋为首的四家公司，1994年收购夏威夷的ARAMOANA购物中心。直到1995年阪神大地震给大荣带来了很大的伤害，但是之后收购之旅并未停歇。1995年，大荣收购了一部分YAOHANN，买下了钟纺银座大楼。

这样的收购案件是由中内功"一旦收到请求就不会拒绝"的性格所致。这样听起来像不管利润就进行投资，但其实也不全是这样。也有很多销售时出现利润的案例。另外，MARUETU、YUNIIDO、ARAMOANA购物中心、Recruit（译者注：均为日本企业）等都出现了充分的现金流量。[41]

福冈的棒球场构想虽然没有办法实现长期投资的回收，但是开拓了经营棒球球队和球场的可能性，刷新了预想中的观众人数，成为日本第一。1997年，中内功为了投资福冈，与银行联合，以联合银行的形式向银行借了1500亿日元30年的贷款。[42]中内功和融资银行对恢复经济景气的期待也就在这个时期。大塚英树说"这个结果是致命的"。不管是对大荣来说，还是对大荣的联合银行来说。

股价在1989年、地价在1991年相继达到了顶峰。对于没有受到泡沫恩惠的平民来说，他们只觉得不动产一买一卖就能产生巨大财富非常不可思议。他们的这种感觉还没有消失，在泡沫旋涡中的银行和企业家们就已经没有这种感觉了。虽然他们比谁都了解经济理论，精通国内外的经济情况，但却不知道这是经济泡沫。像野口纪雄说的那样，"人在泡沫旋涡中的时候，不能认清这是泡沫。"[43]

在大荣接受了1500亿日元融资的1997年到1998年，三洋证券、北海道拓殖银行、山一证券、日本长期信用银行相继破产。至此，谁都能看出泡沫经济崩塌的现实和日本经济正处于极度困难的状态。

观察大荣的结算数字，销售额和经常性净利润都在1997年2月那期跌落至前期的90%。1998年2月那期的数字进一步恶化，经常损益（译者注：在企业一个事业年度中因日常的营业活动所发生的损益）250亿日元，合并结算也跌落至亏损90亿日元。自1971年上市以来，第一次出现个体和合并结算一同出现赤字的情况。这一时间点上，仅主体店铺的带息欠款就有6900亿日元，集团整体更是超过了26000亿日元。本应平衡大荣负债的资产在泡沫经济崩塌后也大幅下跌。在1993年2月末，集团整体推算的2万亿日元的账外资产在1999年下跌至3000亿日元。[44] 无法指望本应是收益来源的主体零售业的收益恢复了，大荣差不多到了走投无路的状态。

1998年5月，中内功聘请曾经担任味素社长和副社长的鸟羽董为负责财务的副社长，让中内润副社长担任整体运营的责任人，改为三人高层体制。但是，中内功认为必须要做进一步的组织状态改革，他在1999年1月20日辞去了社长一职。那天，中内功在董事会上决议社长人事，在接下来召开的店长会议上陈述并自我总结，宣布担任专职会长。社长由鸟羽董担任，启用大荣OMC社长佐佐木博茂为负责运营的副社长，中内润副社长为控股公司的社长。这样中内家就从大荣的主体经营中渐渐抽离出来。在鸟羽体制下推进"再生三年计划",策划减少带息欠款,进一步缩小零售业以外的事业,让罗森等优秀子公司上市。并且,进一步关闭亏损的主体店铺,创业以来首次募集希望退休的员工,决定推迟招聘,同时决定转移总部。

中内功虽然成为专职会长,从主体经营中抽身。但是他在会长室墙上大大地写着"卧薪尝胆"四个字,继续勉励自己。但是,2000年10月,大荣出现了股票的内部交易问题,社长鸟羽和副社长川一男由于涉嫌相关问题引咎辞职。中内也担下这个责任,辞任董事会会长(担任董事会最高顾问)。在2001年股东大会上,中内担任名誉"创始人",彻底从大荣的经营中抽身。在股东大会退席时,股东们一反之前追究中内对于大荣业绩下降的责任的态度,都为中内多年的功绩而鼓起了温暖的掌声。

最终,经中内功同意继承大荣的是和河岛博一起,使大荣"V字复活"成功的大荣一直培养的高木邦夫等人。将大荣的经营托付给他们后,中内离开了大荣。自创业以来,经历了44年的风雨岁月。

注释:

1 中内功(2000),《流通革命尚未终结——我的履历书》(日本经济新闻社）p100。

2 同上 p101。1981 年有 430 亿日元的盈利额，但是 1982 年只有 380 亿日元，净盈利从 98 亿日元下降到 62 亿日元。从 12300 亿日元的高对比来看，利润效益很低。

3 同上 p103。

4 同上 p104。

5 河岛博作为 RIKKAA 的社长，努力工作了五年时间。中内功说："顺利实施历时五年的再生计划，使大荣重生的人都是河岛博。"同上《流通革命尚未终结》中说"之后也让河岛博受累了"，中内功和河岛博互相理解对方的立场。加藤仁（2006）在《社长的椅子在哭泣》（讲谈社）中描写了河岛博在两个公司作为社长做出杰出贡献的样子。（河岛博无论在哪个公司都没有长期担任社长，因此是社长的椅子在哭泣）加藤仁分别准确地描写了"在雅马哈的河岛"和"在大荣的河岛博"。加藤仁本人没有隐藏对雅马哈高层不讲理的愤怒，但是他一直和中内功保持一种成人式成熟的关系。事实上，河岛博在"V 革"后一直到 1997 年都担任大荣的副社长。

6 虽然以新的体制为目标，但是中内功依旧在公司内掌握实权，请参照大友达也（2006），《和我的领导中内功的 1 万天》（中经出版）、恩地祥光（2013），《中内功的秘书》（社长社）或《朝日新闻》2012 年 9 月 3 日至 10 月 23 日刊登的对中内润的采访《担任大荣高层以及各个时期的我》。

7 大友达也（2007），"那个很弱的永盛吞并了大荣，这是为什么？"同志社大学《社会科学》79 号 p188-p190。

8 1976 年到 1986 年这十年间，JYASUKO 开了 153 家店。其中，在 10 万人以下的城市开店的比例为 56%。另一方面，大荣在同一时间开了 84 家店，在 10 万人以下的城市开店的比例有 12%。资料来源：

李敬泉（2004），"JYASUKO的开店战略原型"《经营研究》第五卷第一号p143-p163。

9 根据《流通科学研究所研究笔记》（中内学园流通科学研究所）2013年6月发行收录的"永盛名誉会长顾问冈田卓也采访记录"。

10 除此之外，佳世客还在市中心商圈开店：1982年东京的葛西店、1985年茨城的日立店（直营面积17500平方米，专卖店面积639平方米，停车场可供7000辆车停放），1987年大阪的南千里店（直营面积14000平方米）。

11 对于流通业界的收益性推移，请参照石井淳藏（2008）"寻找零售业态研究的理论新地平线"，石井淳藏、向山雅夫编著的《零售的业态革新》（中央经济），上述《流通科学研究所研究笔记》收录的日高优一郎、石井淳藏（2012）《面向日本优秀市场营销的理解——根据过去三十年的收益性数据海外优秀企业和日本主要企业的比较研究》。

12 即便如此，像前文所叙述的那样，永盛以巧妙的战略，巧妙地摆脱了限制继续开店。

13 现优衣库社长柳井正在中内功告别会上说："中内功虽然留下了很多话，但其中最有名的是'好货越来越优惠'这一句。我觉得这一句是零售业永远的座右铭。"（日经电子版2015年7月）他接着又说："接下来中内功会做什么是所有零售业者共同关注的焦点。"另外，似鸟的创业者似鸟昭雄也将中内功的挚友渥美俊一作为一生的导师仰慕。

14 中内功在日本商学会关东部会说明连锁经营的理论时，以杂鱼干和裙子举例说明。

15 伊藤洋加堂在三五年间在叫龟有的地方开了4家新店，荒井伸也高度评价了这一创举。并且，伊藤洋加堂把这一地方的商权坚守到最后。资料来源：《Network》（全日本超市协会）2007年6月号。

16 对于综合超市（GMS）的衰退一事，请参照田村正纪（2008）《业态的盛衰》(千仓书房)、上述石井论文(2008)。
17 讲两句题外话：中内功的父亲中内秀雄最初工作的公司是铃木商店。铃木商店是在神户诞生的综合商社，当时是超过三菱商事、三井物产的存在。但是，1927年被清算所迫。没有安定收益事业走向衰败。三菱和三井都有国家转让的矿山等安定收益事业，但铃木欠缺这点。根据桂芳男(1989)《虚幻的综合商社铃木商店》(社会思想社)。大荣也没有像伊藤洋加堂、永盛那样具有的安定收益事业。同样是在神户诞生成为日本第一的两家公司，由于相同的原因衰败。
18 仲上哲(2011)，"专卖量贩店的成长—关于该背景和经营的考察—"，《阪南论集社会科学篇》(阪南大学)。
19 日本经济新闻社编(2004)，《记录，大荣败落》(同社)p278。
20 索尼杂志business book编辑部编著(1995)，《到21世纪的革命商人中内功语录》(索尼杂志)p46,p62-p63。
21 关于小林一三的足迹，请参照小林一三(2016)《逸翁自叙传》(讲谈社学术文库)原著来自产经新闻1953年刊登。
22 同上。
23 同上。
24 渥美俊一(2007)，《流通革命的真实》(钻石社)p139-p144。
25 中内功对世界的趋势很敏感。1992年导入叫"KOUZU"的会员制打折店。这是模仿由沃尔玛创始人名字命名的新业态"山姆俱乐部"。"KOUZU"一名当然来源于中内功的"功"字。"KOUZU"是仓库型店铺，以箱为单位销售的"批发俱乐部"。对交年费的会员以大批量的批发价提供衣食住行全线产品的业态。
26 《经济学家》1994年3月29日。
27 1982年,大荣把东京总部设置在秀和所在的浜松町的"军舰大楼"里。中内功就是在那以后认识秀和的。

28 上述,《流通革命尚未终结》p122。

29 同上 p125。

30 同上。

31 在 1994 年的日本商业学会关东部,中内功说只有"大量计划销售单品"才是连锁的本质。中内功并不是把古老的理论从壁橱中拿出来。在这个时代,在大荣战略的背景下,听了这个主张就会明白他的意图。

32 根据"对中内润的采访"(2016 年 7 月 11 日实施,采访者是作者)。

33 大荣社长室调查部编(1994),《在流通革命旗帜之下 50-10-3》(同室),根据 p152 收录的"战略市场营销软研究会的演讲(1994 年 4 月 14 日)"的发言。

34 大荣社史编纂室(1997),《大荣四十年的历程:明朗、欣欣向荣、从不泄气》(アシーネ)p1-p4。

35 根据《周刊钻石》1995 年 10 月 7 日(钻石社)刊登的文章"百货店超市动乱"。

36 上述,《流通革命尚未终结》p132。

37 上述,《记录·大荣败北》p172。

38 关于世界零售业在日本不能成功的理由,请参照石井淳藏(2012)《市场经营思考的可能性》(岩波书店)。

39 上述,《流通革命的真实》p181-p182。

40 田畑俊明(2005),《大荣的跌倒》(日经 PB 社)中解释道,商品部的力量在下一个时代变成一种桎梏。

41 上述,《中内功的秘书》p79。

42 大塚英树(2007),《流通王》(讲谈社)p308。

43 野口悠纪雄(2015),《战后经济史——我们哪里错了》(东洋经济新报社)p238。

44 上述,《流通王》p310。

六　以民主主义思想向社会发起挑战

创立大学的内涵中内功最初的目标是形成日本"流通新秩序",但在20世纪80年代之后,他也逐渐开始在其他领域大展身手。本章和下一章将围绕中内功在教育和社会领域的活动展开论述。让我们将时间点稍微往前移一点。

不是没有公司或公司经营者设立独立研究所或研修所这样的先例。松下幸之助倡导实现PHP（Peace and Happiness through Prosperity）,为此设立了PHP研究所。只要访问这个网站,网站首页就会出现他的理念:"立足于能够实现人类繁荣、和平、幸福本质的人生观,在之后人类发展的过程中,希望能够不断地向更多的人请教、让更多的人研究实现真正的、更好的PHP理论和方案。"松下幸之助是特别关注教育的经营者,他设立了培育政治家的"松下政经塾",以及培养商学子弟的"松下幸之助商学院"。

丰田工业大学诞生于丰田汽车的社会贡献活动。"打下日

中内功纪念馆内的书房复原陈列

本汽车产业基石的丰田喜一郎希望通过设立'大学'为公司事业的发展助力,培育担负日本未来的技术人员,为社会做贡献。丰田继承的这一梦想和精神,在昭和五十六年正式实现",这句话完美地表达了该大学的理念和历史。

这两名开辟新时代的卓越的企业家把自己创造的家电或者汽车事业的产业价值和意义传递给社会的同时,也创造了可以学习到创业基础的技术和哲学的场所。

中内功和这两名前辈企业家的心情相同,他为促进人们对流通领域的事业和产业的理解,创立了流通科学大学并把这里作为能够学习流通领域思想、技术、哲学的场所。学习流通的内容(和流通相关的哲学、技术)虽然很重要,但对中内功来说,这只是创立大学的理由之一。中内功对培养人们的个性主义或反管理主义的强烈欲望是创立大学的另一个原因。

正是这种对个性主义或反管理主义的强烈欲望，中内功的人生主题产生了从流通领域到教育领域的大转变，成为促使大学成功创立的最主要的原因。创立大学的内涵中有着自中内功在美国听到约翰·F.肯尼迪讲话以来一直存在的民主主义思想。下面，我想把这一想法与中内功的活动一一对应一下。

深化以后的中内思想

中内功的思想可以分为三个时期来理解，分别是战争结束后为了生存拼命工作的时期，明白自身使命和组织大义从而领导组织的时期，以及"自主、自立、自身责任"这些社会思想为依据的时期。

在牢牢束缚着人们的已有秩序崩塌的时候，被释放的欲望带来了自由的感觉。[1] 对于经历过纪律严明的军队生活的中内功来说，第二次世界大战后黑市的生活可能让他感受到了一种解脱。或许在三宫高架桥下倒卖驻军的药品以及现金批发店的生意给了他相应的生活实感，中内功觉得很充实。从中内功与相亲、新婚旅行相比更看重工作的小故事中便可知道，中内功十分沉迷于工作。

另外,中内功心中多少出现了一些"空白"。在"为了生活什么都可以"的这种混乱的心绪中,中内功出现了些许"只做这些就可以了吗"的虚无感,其实这也并不奇怪。从一直做黑市生意、进入神户经济大学(包括马上退学)的事情中,都能够看出中内功摇摆不定的心情。

但是,他在千林的确出乎意料地顺利地将零售连锁起死回生。借用渥美俊一对民主主义的定义,我们会发现这时中内功的做法很符合渥美俊一的"生活民主主义"概念,都是以实现"让普通大众也能享受到只有一部分特权阶级才能享受的权利"为目标。[2]

1962年(昭和三十七年),中内功访美时听到约翰·F.肯尼迪总统讲话的时候,这一概念更加深化了,他明白了超市的意义。借用渥美俊一的话来说,这时中内功注意到了"经济民主主义"。生活民主主义和经济民主主义之间隔着很高的壁垒。这是因为生产必须要伴随着流通组织的转换。用渥美俊一的话来说就是"将产品制造业引起的单方面的预期生产体制,转化为连锁超市引起的订单生产体制"。所谓流通革命就是一次以经济民主主义为目标的尝试,中内功深切感悟到实现这一伟大尝试是他的使命。

20世纪80年代中期以后,中内功以民主主义为核心,向教育领域发起挑战。"自主、自立、自身责任"就是中内功自那时起非常喜欢说的话。以自主、自立、自身责任,构造我们自己期待的社会。中内功在心中描绘着这样的社会蓝图,也就是自由地描绘自己梦想的"自由"和为实现梦想而努力的"自由"。

这一想法比起"作为制度的民主主义"更像是"理想的民主主义"。这是"自己不从属于任何人的一种感觉。人人平等自由,谁也不是特殊的。因此,人们必须用自己的力量构建社会。这里不存在天生的支配者,无论好事还是坏事,都从自己出发,最后回到自己。在外界没有可以操控你的人"[3]的一种感觉和经验。

综上所述,可以用三种民主主义的演变表示中内思想的深化过程,如图3所示。

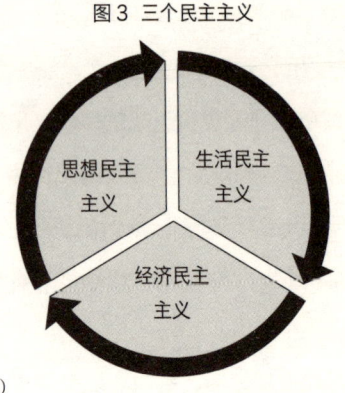

图3 三个民主主义

（图注：作者绘）

本章将在这三点中,沿着四个方面去深入了解中内功追求"作为思想的民主主义"的活动。第一个方面是中内功在1984年成为临时教育审议会(临教审)成员,提出"人为什么要接受教育"这个根本问题。第二个方面,中内功创立流通科学大学,说明对未来社会有用的人才,向培育这种人才发起挑战。第三个方面,中内功进入经济界的大本营——经团联并担任副会长,挑战"商"这一社会通念。第四个方面,中内功突然受到阪神大地震的考验和打击,重新探索"流通这一社会生命线"的问题。

行文的结构方面,本章将介绍中内功在临教审、经团联和应对阪神大地震时的一系列活动,最后介绍流通科学大学的成立以及中内功在大学里的活动。

成为临教审委员挑战教育改革

1984年(昭和五十九年)9月,中内功成为首相中曾根康弘的咨询机关临教审的一名成员。原京都大学校长冈本道雄作为会长,共有25人作为委员参与计划的研究。临教审设置四个部会,中内功属于第一部会。第一部会由原通商产业审议官天谷直弘担任部会长。第一部会是以日本"展望21世纪教育的理想状态"为主题的部会。

说起来,通过临教审这一制度重新思考日本教育一事是在两个大背景下。第一个大背景是日本的问题意识。由于经济的高度发展,日本在经济上已经赶上欧美,开始为肩负着日本未来的下一代重新思考今后的教育问题。另一个背景是,当时校园暴力等教育领域的问题被大肆宣扬,社会对教育的关心程度大大提高。对世界潮流颇为敏感的首相中曾根康弘亲自倡议设置这个制度。

那时,中内功已经有了成立大学的想法,并在1979年5月表明了这一想法。1984年,中内功将大学临时命名为"流通科学大学",推进了计划的筹备。当然,关于教育还有很多需要考虑的地方。更重要的是,中内功正在重新思考日本固有的"统一教育"和"管理主义"。

在和笔者前后时代成长的人都无一例外地经历过严格管理的教育。所谓学校,就是向人们灌输这种严格的集团秩序的地方。老师是教学生集团规范的人,学生是不成熟的、接受指导的人,就这样严格地在老师和学生中间画出一条分界线。在"正确规范"的名义下,"统一教育"和"管理主义"在日本的教育中不断渗透,这是日本社会的常识。

这样的现代教育的状况,对中内功来说,看起来就像是变为亡魂残存下来的战前教育或军队教育。把集团规范作为第一要点的第二次世界大战前军队式教育彻底地扼杀了个性……

中内功认为的教育和这有着 180 度的差别，他认为寻求集团规范不应该扼杀学生的个性，而必须发挥每个人具备的个性和创造力。这就是后来被称为"自由教育"的教育理念。

中内功的自由教育理念的起点应该是在神户三中时期形成的。在发表创立大学构想的那年，中内功写了一篇关于同校近藤英也校长的短文。[4] 近藤校长对中内功他们说"人生应该先有梦想"。同时，他还说必须要好好思考"自己应该成为什么样的人，自己应该以什么样的目标活着"。因为自己的人生是从自己定下目标那一刻开始的。每个人的目标都不同，这也是每个人的个性使然。重要的是，没有这个目标，学习、人生都不会开始。中内功说，"我也模仿老师，他总是说作为一个绅士，要认真思考自己以什么为目标活下去，就是为了自己的责任活下去。"可以认为这是中内功教育理论的起点。

那么，先来追踪一下中内功成为临教审成员以后的活动。中内功首先从根本上思考为什么这种"统一教育"和"管理主义"能在现代残存下来。他注意到了教育基本法的骗局。教育基本法的第一条写着"教育的目的是人格的完成……"，但是中内功却并不十分赞同这句话。这到底是为什么呢？

第二次世界大战结束后不久，正值重新描绘日本教育样貌之时，日本和美国签订了协议。可能是因为美国主导了当时的教育形式,所以中内功认为那时候在英语翻译上出现了问题。美国提出的关于教育目的的英文是"the full development of personality",日本则将其翻译为"人格完成"。中内功指出:"这原本就是个问题。"他还说道如果在那时教育基本法提出的"教育的目"不是"人格完成"而是"个性开发",那么战后教育的发展将会有多么大的不同。[5]

确实,"the full development of personality"本身也可以翻译成"个性开发",但是"个性开发"和"人格完成"在日语中的语感却十分不同。可以这么认为,"统一教育"和"管理主义"可以在"人格完成"的主题下成立,却很难在"个性开放"下成立,中内功这样说道。

中内功认为"人格完成"这句话格调过高,其意思没有具体表达出来。现实何止如此,翻译得太过抽象,反而"助长了管理教育"。[6]

在教育领域中,中内功是革命性的,他自己以"过激的教育自由化论者"自居。他说,"教育必须和社会联动存在,教育领域绝不是神圣领域也不是只有专家的领域。"[7]

中内功反复和第一部会的成员进行讨论。《流通革命尚未终结》中写道:"在埼玉县举行的三天两夜的集训中,和学习院大学教授香山健一、原共同通信社的委员长内田健三等评论家一起议论。"第一部会的结果是，全体认同为培养富有创造力的人才必须"最大限度地开发每个人的个性"。为此，选择"个性教育"这句话作为新的教育理念。并且，"明确提出这次改革的方向是'统一主义到个性主义的胆大心细的转变、改革'，确认所谓个性主义是个人尊严、个性尊重、自由、自律、自我责任原则的确立。"这是临教审第一部会发表的笔记中的一部分内容。

正面反对这一意见的是第三部会（译者注：有田一寿部会长，初等中等教育改革担当）。之后"个性主义"的对错成为临教审的一个重要议题。议论持续了很久，最终保守的一方获胜。"个性主义"这个表达新理念的词在现在的教育体系内被改为"重视个性"一词。在临教审结束时，在第一部会的最终会议上，中内功将一份以"临时教育审议会结束之时"为题的笔记发给了委员们。[8] 笔记主要询问为什么中内功他们第一部会的想法最终没有被纳入临教审的结论，中内功把自己当时的想法和思考过程通过笔记记录了下来。

《中内笔记》

中内功首先提问"临教审是什么"，临教审为什么不是文部省的咨询机关，而是设立为总理大臣直属审议会。这个问题虽然很重要，但是大家对这个问题的认识还是太浅了。

在第一次总会上,就讨论了中教审(中央教育审议会的简称)和临教审的区别。大会解释为"中央教育审议会是文部省固有的关于所管事务的咨询机关。与之相对的,临教审会议是对教育及各相关行政部门各项基本对策进行综合汇总的调查审议"。但是,中内功认为实际情况和这一解释不同。他指出对于临教审的这一回复,出现了不少批评的声音:"这样的话,有中教审就够了,为什么要设立临教审"。他在临教审中质问道:"实际上不是应该要跳出文部省的框架,进行综合性的调查审议吗?"至此,关于中教审和临教审的争论结束,"临教审"名不副实。

接着,讨论"'总会主义'的倒台"。最开始提出的方针是所有事宜在总会上决定的"总会主义"。在审议会上,最开始的决定是要"全员意见统一"。于是特意把"议会结果由占出席委员总数的三分之二以上的多数决定"一项从审议会规则中删去,修改为"获得全体委员的同意后决定。"这里体现了尽量反复讨论再得出决定的宗旨。

但是,中内功说"现实是在总会上不管提出什么都会不了了之,讨论结果很多时候都不能反映到结论中。"他指出造成这个情况的原因是审议会导入了"运营委员会"制度。运营委员会虽然不是四部会的上层机关,也不是决策机关,但很多时候其他委员们以"在运营委员会上决定过了"来结束讨论。最后,中内功质问"运营委员会是什么,指出总会主义基本上是无法实行的。"

部会讨论出来的方针最终没有得到认可。中内功以自己的想法被歪曲了为由,又举出了另一个四部会并行审议的矛盾:明明还没有决定基本方针,就同步进行其他部会的审议,这多么让人难以理解啊!

中内功认为,几个部会同时进行完全相反的讨论,如"个性主义"或"缓和限制"矛盾的讨论,结果只能是出现部会间的对立冲突,最后审议的方针充满矛盾。他再一次质问道:"原本有一段时间是同意第一部会优先审议的,但是为什么到最后就变成各部会并行审议了呢?"

最后,中内功质问临教审"摆脱了文部省、文教相关人员的干涉了吗"。这是个严肃的质问,但它体现临教审制度的本质意见。由此非常能理解中内功的遗憾。这里引用一下原文。

不管是个性主义还是终身学习,抑或九月开学的制度,都是以从现有的学校教育的束缚中解放出来为目标,当然能够预料到这将会和已有的权益产生冲突。正因如此,才没有将临教审设置为文部省的附属机关,而是作为直属内阁。但是,委员、专家委员、事务局员中有很多文部省相关人员和文教相关人员,其影响力很大,使原来临教审存在的基础无法继续成立。并且,总能听到"外行不要插嘴干涉教育、教育现场混乱"的声音,但应该要消除这种声音。因为这个审议会是为了改革教育专家带来的弊端和落后于时代的教育而成立的,所以更加应该重视外行(社会常识)的意见。从某种意义上来说,引起教育现场混乱的不就是教育改革吗?也可以说,不引起风浪的改革不是改革。[9]

临教审原本不就是为发起教育上的革命而建立的审议会吗?中内功是这样理解"临教审"的意义的。这很符合以"教育自由化过激论者"自居的中内功的想法。

笔记在最后描述了临教审地位的重要性,并以提案探讨如何推进临教审的发展。他的提案涉及"应该在早期决定设置临教审的位置""在民间建立临教审""希望实现秋季入学""建立终身学习的体制"等内容。中内功在临教审结束后说"我至今也认为将教育理念决定为'个性主义'是正确的",并说以这种半途而废的形式结束会很"遗憾"。[10]

《中内笔记》详细地介绍了中内功对临教审的看法和思考,也能看出中内功对教育的思考是多么纯粹、多么强烈。中内功在之后经历了挫折,也进一步研究"个性主义"和"自由学习",走向创立流通科学大学之路。这将在下一章中介绍。

挑战偏见的壁垒

中内功不仅在教育领域，还在更广的社会领域中挑战偏颇的社会观念。这个社会观念就是"士农工商"观点。我们会简单地以为"士农工商"这种阶级观点是江户时代那个遥远时期的事情，但是中内功觉得在现代也潜藏着这一社会看法。代表性事件发生在1980年（昭和五十五年）。

1979年，中内功在土光敏夫会长任职时期加入了经团联。然后在第二年6月，刚刚担任经团联会长的稻山嘉宽在记者招待会上宣布"下调法定利率"时发表了如下发言："现在说到投资，全是超市等服务产业、第三产业。由于这些投资争夺订单（消费）产生过剩投资，并不能带来国家的整体利益。"

在第二天知道了这件事的中内功说，我感觉"这个看法几乎就是在说不生产东西的超市是日本经济的寄生虫。"中内功马上召开了记者招待会，强烈抗议道："让跟不上时代变化的人做了经团联的领导真是遗憾啊！"并且还向《朝日新闻》投了一篇名为"批评稻山"的评论文章。[11]

中内功投稿的文章主旨是"流通业的意义"，"第二产业优势时代已经结束"的观点，以及中内功对流通业是什么的基本看法。下面来概括介绍一下。

中内功最想批评的一点是稻山话里"只有制造东西才能产

生价值，消费是不道德的"这种战前观点，具体来说就是稻山把"1940年战时体制"的价值观原样保存下来这一点。这里说的"1940年战时体制"，就是指在1940年被称为革新官僚的官僚们打算为战争强制发展日本生产力而创造的战时统治经济体制，这在战后也作为一种制度被保留了下来。野口悠纪雄等也明确表示了这一制度支持了日本的高度发展，指出这是"1940年战时体制"。银行法、粮食管理制度、健康保险制度等1940年的制度留到战后，成为支撑日本经济高度发展的基础。[12]

对此，中内功认为，不是只有制造东西才能产生价值。因为中内功的这一观点在理解流通业的意义上是一个特别重要的点，因此有必要稍微深入地叙述一下。

物品中心的思想认为"价值是在工厂或研究所诞生的"。但是，中内功的观点与此相对，认为价值是在消费生产的场所被消费、被使用后才出现的。这两种观点都合情理，并且两者差别不大，但是在现实中并非如此。

如果价值是在工厂或研究所产生的话，那么在价值产生前后的活动，如市场营销、流通等在现阶段就和该价值的产生没有关系，这些也只是传递价值的活动。那么，在流通中产生的费用就会被看作没有产生价值的无用功。即使人们认同和流通相关的各个活动的必要性，也还是希望这样的活动越少越好，甚至是没有最好。可以这样理解：重要的是制造业，而流通业只是制造业的附属品而已。

这样的"物品中心"的理解在经济学、经营学甚至是专门研究流通的流通论、商业学中视为一般的理论。将流通、商业定位于生产的辅助从属机能。

当时，林周二的《流通学革命论》风靡一时。林周二的主张被看作理论化了的中内功等人的流通革命，但中内功不这么认为。林周二的主张是讨论物品构想、成本构想。所以，林周二的这个不是"流通革命论"，正确地说应该是流通"简化论"。中内功说。[13]

和林周二相同的主张可以说是现代商业流通论教科书的代表，被称作"商人存在根本论"。这里，商人存的依据是将生产者和需求者之间出现的交易数最小化。这个存在依据的范本就是中内功所说的"流通简化论"，这也成为"生产者世界中的商人们"的构图。[14]

但是中内功自己编著的《我的贱卖哲学》中并不是这样说的。"商品的价值是最后消费者从钱包中拿出钱，将这个商品拿到手时决定的。商品陈列在厂家的仓库里或店铺中时就仅仅是物品而已。通过我们零售商的手交到消费者手里，商品才算是真正地诞生了。"[15]

这一段话表明，价值不是在工厂或研究所诞生的，而是在和消费者接触时产生的。

"流通简化论"思考的前提是流通业已经是制造业的业界中最后登场的选手，但其实并不是这样的。中内功认为，以制造业为首创造业绩和市场时，流通业就已经有其存在的意义了。中内功接受彼得·F.德鲁克的想法，即流通业通过创造新的顾客，成立自己的组织完成社会课题。[16]

总而言之，流通业者的课题和其他任何组织一样，就是创造之前没有过的新的"顾客（需要）"。当然，大荣自创业以来，创造了许多超市购物领域的新顾客。日本没有出现过目前这种购物形式的消费者。在这样思考的时候，因为创造顾客确保了自己地位的流通业，可以清楚地看到流通业在制造业附属品以外的价值依据。[17]

据说，中内功后来直接见了稻山本人并陈述了他的看法。对此，稻山回答得很少："我曾以为国家是铁，世界变化真大啊！"稻山也不是一般人，又说道："要是那样的话，你说说流通业在经团联中的作用。"反过来邀请中内功积极参加经团联。中内功没有拒绝，但是丢下了一句"偷鸡不成蚀把米"。[18]

在那之后不久的1988年5月，斋藤英四郎新会长请中内功担任宣传委员长。斋藤会长说："希望给看似民主的官僚化经团联带来新的风气。"上任的花村仁八郎也鼓励中内功说:"打造一个和以前经团联不同的全新的宣传委。"中内功虽然对这些期待感到惶恐,但也积极请求福源义春(当时资生堂的社长)的帮助,为实现"对应变化的经团联"而努力。[19] 在1990年(平成二年)12月就任会长的平岩外四以"希望改革和消费者距离遥远的经团联"为理由,选择中内功做副会长。这是向稻山抗议10年后的事情。中内功毫不隐藏心中感慨万千的思绪,不是因为自己获得了名誉,而是因为觉得自己成为经团联副会长就说明了流通作为一个产业被认可了。

中内功表明了自己的抱负,说:"在平岩会长的领导下,一定会努力使其蜕变成和国民一起前进的经团联。不是代表大企业或经济界,而是应该作为国民的代表去努力。"(《朝日新闻》1990年12月11日)他在经团联中强调国民视线,很像是将"顾客至上"作为理念的中内功的抱负。

中内功是如此积极勇敢地提倡"商"和"顾客志向"的价值。可是,还不能说中内功最初介意的"士农工商"的偏见已经在社会上消除了。在2006年,流通科学大学主办的"流通研讨会"上,冈田卓也(永盛名誉咨询会长)指出"流通产业现在已经占据国民生产总值的60%。虽然已经成为国家主干产业,但流通·零售的社会地位和制造业相比仍旧是较低的产业构造。

即使现在也还不能很确切地说流通业的地位高。"接着,他评价中内功的功绩说:"中内功在流通革命中不断和这样的差别进行斗争,我们也将会继续斗争下去。"然后还鼓励流通科学大学:"流通革命尚未终结,希望流通科学大学能够培养出肩负下一代流通革命的人才。"[20]

阪神·淡路大地震的救援活动

中内功是一个彻底的和平主义者。在1981年(昭和五十六年)2月的关西财政研讨会上就能看出中内功是个彻底的和平主义者。担任研讨会会长的日向方齐(当时住友金属的会长)在会上进行了演讲。据大塚英树所说,在30分钟的演讲里倡导了宪法改定、征兵制、军备扩张的必要性。安静的会场中只有中内功一人发言表示"有异议"。他反驳道:"你的想法很奇怪。"然后主张"只有确立摆脱追随美国的自主外交才是必要的。不是把苏联当作假想敌,而是努力发挥日本作为东西方、南北方桥梁的职能"。[21] 围绕这一点两人展开了激烈的讨论,还是最后有人强行插话才终止了他们争论。[22]

中内功的和平主义是来自战场中的惨痛经历,而不是虚伪地假装自己是一个和平主义者。在这样的背景下,他赞扬"流通业是和平的产业",经常主张"将流通业作为社会的生命线"。

这一主张在一个非常严峻的情况下探索出了真正的价值。这个情况就是1995年1月17日发生的阪神·淡路大地震。中内功出生成长，培育了大荣的神户遭遇了毁灭性的灾害打击。对此，中内功迅速做出应对。

和中内功一起行动，共同进行救灾支援的是副社长中内润。中内润虽然在公司内是后勤的负责人，但是发挥了很大作用。吉本隆明等人高度评价中内父子在震灾时进行"非常时期经营"可谓是一个范本。

1995年1月17日上午5点46分，发生了以神户·淡路为中心的被称为兵库县南部地震的大地震，死亡人数达到了6432人，大荣的相关人员中就有119人死亡，成为日本从未有过的大地震。那天，中内功在东京的家中像平常一样5点半起床，看天气预报。5点50分左右，"近畿地区发生地震，大阪震感5级"的新闻速报出现在电视屏上。关西是大荣的发源地，中内功急忙问道"有没有人受灾""店没事吧"然后马上离开了家，六点半到达浜松町办公室，七点中内润副社长就作为负责人建立了"灾害对策总部"。想到当时村山内阁设置的灾害对策总部是在震灾发生三个多小时以后的九点，就知道大荣他们设立得多么快。[23]

但是，虽然大荣总部已经和大阪、姬路取得了联系，但就是没有来自神户的消息，打电话到神户也不通。中内功越来越感到不安，但是也只能待在东京尽快做些力所能及的事。对策总部长中内润接连采取行动：8点确定并掌握了物流和消息路径，确保货车、油罐车、直升机、渡船等所有海陆空运输的通畅；调配方便面、饭团、水等紧急物资。只要运输准备妥当，就从全国各地送往神户。另外，向NEC（译者注：日本电气股份有限公司）借移动式卫星通信器材，和技术人员一起前往神户。11点，以负责营业的专务川一男为队长的先遣队乘直升机从东京出发。到达神户兵库人工岛的先遣队徒步前往三宫。兵库人工岛是填筑地，土地正在瓦解，所以到达三宫花了两个小时并且部队成员人人都浑身是泥。13点，从东京调拨了240人、从福冈调拨了120人，组成支援部队，从各地出发前往神户。18点，灾害对策总部和当地对策总部之间接通了卫星通信。[24]

和中内润副社长一起指挥一系列赈灾工作时中内功有什么感想呢？《流通革命尚未终结》中有一段对当时情况的描述。

我一边接连下达命令，一边关注着电视报道。桥梁坍塌，住宅、大厦倒塌，燃烧起了好几个大火柱。超乎想象的灾难使我战栗。小时候经常听父亲说大正时期，由于大米骚乱，大商社铃木商店被烧毁，变成暴徒的民众十分可怕。历史上的一桩桩事件带着现实感汹涌而至。我觉得我必须亲自到现场指挥，留在东京没有任何用处，就像隔靴搔痒一样。[25]

中内功考虑到要消除受灾群众的不安，对川一男专务指示说不管是大荣还是罗森都"点上灯""快些开业"。恢复通电的店铺开了灯，即使不能开店也要在柜台和停车场挂出"即将营业"的指示牌。后来人们高度评价这些措施高效及时，并给了受灾群众很大的勇气。

另外说几句题外话，笔者也为了调查零售店的受灾情况去了神户市的三宫和长田，见到并询问了很多街道上的商人，了解到商人们为了在震后能够尽快恢复开业做了最大的努力。以大荣为首的连锁商店的员工们（他们也是商人），在电车无法运行、汽车无法通过的情况下，花了几个小时徒步走过道路来到店里开店。相反另一方面，很多私人店主把确保自己家庭的安全放在首位，把对店铺的投入放在第二位。地震当天，所有的个体店几乎都歇业了。

知道这个故事后有两点让我印象深刻：第一，能够把商业生意贯彻到底的连锁商店能够成为支撑社会的强大生命线。第二，以大荣为首的连锁商店，对处于危难中的社会有着强烈的使命感。

闲话到此结束。中内功在地震后的第三天到达了现场，看到在全国展开连锁经营的起点的三宫店倒塌的凄凉景象怅然若失，脑海中浮现出50年前战败时神户的破败景象。他默默在心中发誓："能够闯过这次危机的只有经历过战争的我。我必须要振作，全身热血沸腾，再一次重新来过。"[26]

过了一段时间之后，中内功在当地召开了记者见面会，一名记者问到"大荣为什么不免费分发商品？"比如，200箱的方便面马上用2吨的货车送到三宫，但在大荣一个要卖100日元。对中内功有偿销售商品的做法有赞同也有反对之声。有批评的作家，也有像吉本隆明那样表示赞同的思想家。吉本隆明说。

同样以神户为根据地的山口组免费发放商品。有人批评到，大荣竟然以便宜的价格销售商品来赚钱。但是我认为，商人本来就要销售东西，即使是免费发放也无法普及全部30万受灾群众，并且可能导致物品循环的混乱。而且，免费发放商品冒犯了市民的个人尊严，违反了市民的社会契约，作为经济人是不能这样做的。[27]

在灾难这种紧急状态下选择免费分发还是有偿销售，这种是非判断是很难做的。只可以说，商人中内功的脑海中完全没有免费发放商品的想法。中内功后来说，他对于记者的提问"目瞪口呆"，又说道："商人是不可能免费发放商品的。以正当的价格稳定地提供生活必需品才是商人的使命。"中内功就是这么想的。他接着又说道："作为商人，大荣正常开店就是为了使神户灾区的人们感到心安而做得最大的努力。"[28]

为了给神户灾区提供商品,抢先派了先遣队抵达当地赈灾。从各地派遣很多员工前往支援灾区。确保海陆空所有运输路径的畅通,建立起必要的仓库。这都是中内功大荣的解决方式("机敏的震灾应对手段"《读卖新闻》1995年2月2日)。

为此付出的必要的时间、精力和费用,就算是以一个100日元销售方便面也远远不能填补。中内大荣的人们在最开始就把利益置身事外进行支援。希望批评大荣有偿销售的人们都能看一看大荣赈灾的全过程。笔者感受到了中内功和中内润副社长对大荣"作为生命线的流通"的使命有着很强的责任感。[29]

寻求"自由的教育"

像之前所说的那样,2001年(平成十三年)1月,中内功辞去了大荣董事长一职,担任大荣创始人一职。这是名誉职务,中内功已经失去了在大荣的实质权力。中内功也已经78岁高龄了,尽管如此,也没有失去他的风貌。在21世纪,中内功活跃的舞台转移到了10年前创立的流通科学大学。

流通科学大学,是一个独特的名字,以建立科学的、综合的大学为目标,与生产和消费连接的所有事物都可以理解为流通。中内功相信,连接生产和消费的"流通"的重要性会越来越大。

彼得·F.德鲁克非常支持中内功对"流通"的这一看法，后来他还根据和中内功的书信出版了对话。

彼得·F.德鲁克说"和生产相比，流通才是经济发展的原动力"。[30] 他在1996年10月到流通科学大学演讲时评价称"这个大学是世界上第一个把市场营销和流通作为专业的大学"。而且"是在今天能够学到最多的东西的大学"。当时的经济学研究生产和消费，他便赞扬流通科学大学"研究流通。这样的地方别处没有。因此，这个大学所做的事情是一项伟大的事业"。[31]

中内功认为"流通的繁荣和世界和平相关"。经历过战争悲惨遭遇的中内功已经受够了战争，同时他确信商品流通的滞后是战争导致的。中内功在和流通科学大学第一任校长森川晃卿对话时说道："之前引发战争的一大原因是资源的争夺。第一次世界大战是铁和煤，第二次世界大战是石油。面向21世纪，我们必须要想出一个不会再引起战争的运行机制。如果通过流通，人、物、信息可以顺利传递，而且大家都能相互理解的话，就不会再通过战争争夺什么了。"[32]

为了将社会上流通的意义传递给年轻人，为培养21世纪流通支柱人才，中内功投入了30亿日元私有财产，剩下的34亿日元分给了500家企业。

设立大学时，中内功的目的很明确。下面分别来看大学校

在神户市设立流通科学大学，走在校园里的中内功

园和教育理念两个方面。

设立大学的目的1：中内功理想的大学——个性主义和自由学习

中内功所描绘的大学的样貌深深扎根于前面讲过的他在临教审的经验。以在临教审一直与人争辩的内容为基础，以下面四点为目标设立大学，即个性主义，站在学生立场上的"自由学习"，"和社会联动的教育"以及"终身学习"。[33]

个性主义，像之前介绍过的那样，是中内功在临教审中积极提倡的主题。在中内功等人的部会笔记中，写着个性主义是"个人的尊严，个性的尊重，自由，自律，对自己负责原则"。中内功将这一理念直接作为大学的基本理念，将如何培养延伸每个人的个性作为大学的主要课题，中内功这样说道。

"主角是学生，让学生发展自己的个性。大学应该说是一种服务，为了帮助学生提高自己的技能，并以自己喜欢的学习方式学习自己想学的东西，最后和终身学习相联系。"[34]

中内功将大学定位成一个支持学校的主角是学生的机构。虽说如此，也不是说没有教育学生的指导方针，并不是只要学他们自己喜欢学的就可以。中内功认为"有目的的学习"很重要。也就是说，先看清自己将来想要做什么，从而知道自己应该学什么科目。[35]

这是在以前的大学课程规划中没有出现过的理念。在这之前，首先有学问体系，为了学好这一学问，用什么样的顺序学习什么科目，以此来确定课程。从学生的角度来说，并不清楚为什么要以这样的顺序学习这些科目，或者这些科目对自己的目标有什么帮助，就糊里糊涂地选择科目修读然后获得学分。虽然都是学问体系里的课程，但是很难说这就是为了学生个人量身定做的课程。[36]

在中内功设立大学之际，曾说："（大学是）为了学生，"又说："关键是站在学生而不是大学的立场上，创造一个适合学习的环境。"[37] 这一意图表现在了课程规划当中。

只是个性主义一词，比较抽象难以解释。中内功开动脑筋，使用了"明朗、欣欣向荣、从不泄气"这一简单易懂的标语来说明。这个标语虽不是中内功的创作，但是表达了"面向未来，不断提高自己能力"的情感，并且朗朗上口、很好记。可能是中内功自己太喜欢这句话了，就把它当作送给学生们的寄语，亲自书写下来，悬挂在流通科学大学校园各处，以此来传递自己的教学思想。

设立大学的目的2：和社会的联动——重视实学和面向社会的大学

中内功在临教审的时候就极力主张教育不是孤立于社会的，而是和社会联动的观点。到了要设立大学，在面对这个课题时，他以"重视实学"和"面向社会的大学"来回应当初的主张。在中内功看来，大学不是研究至上的象牙塔。

"实学"是中内功受福泽谕吉启发开始研究的。福泽谕吉曾说过："所谓学问，并不仅仅是认识难字，读难解的古文，欣赏和歌（译者注：日本诗歌的一种）、写诗词等对社会没有实在用处的文学。"中内功引用这句话来解释实学的含义。

这是福泽谕吉《劝学篇》中的一段话。接着，福泽谕吉又写到，

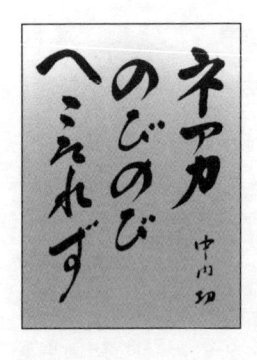

中内功最喜欢的话：明朗、欣欣向荣、从不泄气

"因此应该先把现在研究的没有实用价值的学问放到后面，鼓励钻研和人们日常生活息息相关的实学。"说道"实学"，实用一点才最容易被接受，但这是一个误解。福泽谕吉在实学一词旁标注了"science"一词。也就是说，福泽谕吉所谓的实学是"实验·实证之学"。[38]

也就是说，重要的不仅是学习知识，还有学习世界上所有有意义的事情。中内功期待把大学建成一个学习实验、实证即实学的场所。

另外，是将"面向社会的大学"作为目标。具体来说，把接收外国留学生和与社会企业进行深入交流作为课题。组织长期访问企业的活动，安排学生到"企业实习"，学习企业知识；让企业到校园里举行"校园实习（internship on campus）"；还有"企业和学生的共同企划·研究"的尝试等,都是中内功授意流通科学大学先于其他大学开始实施的实学形式。

讲两句题外话,大学校园、食堂、购物设施都向周围的市民开放。在某些上午或下午,经常可以看见母亲带孩子到学生食堂用餐。中内功甚至注意到了这些细节。

设立大学的目的3:学习即生存

"终身教育"也是在临教审成为主题的一个问题,中内功也将其作为大学的目标课题。

学习这件事没有年龄限制。在人生的八十年光阴中,学习不只是截至大学毕业的这段时期,只要活着就要继续学的"终身学习"思维变得普遍起来。"学习即生存"的时代正在到来。[39]

中内功认为,学习的根本在于"对学习的欲望",这是必不可少的。只有有这种学习的欲望才能形成"自己能做什么""自己为什么活着"这些和自我存在意识相关的问题。所谓"学习即生存"同理。中内功认为学习就是人生本身,所以他认为不管多大都能学习的场所很重要。他描绘了一个即使成为社会人,只要想学习就能学习的大学蓝图。

学习流通的科学

中内功思考想要在大学中传授什么，其理想的教育蓝图融入到了"流通科学大学"的校名中。不论"流通"，还是"流通科学"，作为普通名词来使用在日常生活中都毫不违和，但是作为校名却没有那么通用。但是，中内功还是直接以"流通作为科学"的目标命名了。

不论是什么领域，"作为科学"在一个领域的发展中都是不可缺少的。比如，拿最近的体育界来举例就能马上解释清楚了。

在棒球界中采取科学的措施不是特别久远的事情。从只注重奔跑的训练到掌握选手应该强化的点后重点训练要点的个性化训练菜单，训练方法大大改变。同时，选手的寿命得到了延长。所以超过40岁依然活跃在MBL（译者注：美国职业棒球大联盟）的一郎并非特例。

流通界也是一样，中内功在开始做生意的时候只靠经验、感觉和胆量就可以了，但是到后面就很难只靠这些来运营流通业的组织了。

中内功说："就像种瓜得瓜那样，进行科学的实证，应该以能够回应消费者需求的形式，不断开发市场营销的技术。通过活用'这样做就应该能卖出去'的科学，进行商业实证的组织是很重要的。"[40]

"流通"用英语来说就是"marketing"。事实上,流通科学大学的英文名就是 University of Marketing and Distribution Science。但是,流通也好,市场营销也好,人们对其有各种各样的解释。即使到现在,还有不少人把它看成物品流通,即关于"物流"的学问,或是关于"市场调查""广告宣传"的学问。在这种意义上来说,中内功特意选择这一校名非常具有挑战性。中内功是这样谈其意义的。(有点长,但是有些很重要的地方还是想要引用一下)

在以前的高度成长期中,流通革命曾被激烈讨论。这说明了流通的理想状态就是传递物品的管道。在当时,从生活的整体状况来说,人们常常挨饿,满足温饱就是最大的目标。总体而言,"制作方的理论"优先,流通要求的只是厂家制作的东西流向消费者。流通没有主体性。

但是时代在改变,人们的"温饱"被满足,需求日益多样化。个性化需求拉开序幕,"使用方理论"开始抬头。在这样的时代里,如何捕捉时刻在变化的需求成为最大的课题。面向21世纪,这个倾向越来越强烈。

在这样的情况下,流通要求的不再是之前那样仅仅是管道的功能,而是接收消费者不断个性化、多样化的需求,将其传达给生产者,将信息商品化,在消费者需要的时候,能够以可接受的价格交换必要的商品数量，这种双方协调功能……

流通的要求明明发生了这么大的变化，但是为什么还没有将流通作为科学的大学出现呢？在现有的大学中，不过是把流通看作经营学或商学的一部分。但之后我们需要知道和掌握的不是这种片段式的流通。我们要把流通打造成一门不只和经济学、经营学、商学相关，还要和自然科学、社会科学、人文科学乃至信息操控、系统工学等相关的多学科学问相结合的学科。

我想要成立流通科学大学的理由也正是基于这一点。[41]

中内功解释了流通的现代意义，阐述了"将流通作为科学"的意义。"流通学"现在成为经营学、商学（或者也可以包括经济学、社会学）领域中的一个分支，但中内功不想这样，他想让流通反过来涵盖经济学、商学、经营学，使"流通"不停留于社会科学中，让其包含自然科学以及当时最新的信息或系统工学。这才是中内功的"流通学"概念。

中内功的思想独特且富有气魄，但这绝不是空想。学问体系原本就是人们创造出来的，不是规定的。但是，可惜的是，中内功关于"流通"或者是学问的思考在这个世界上并不是一种常识。社会中有长时间累积起来的学问的传统，新的概念很难渗透。（当时）接受了成立大学申请的文部省，虽然同意了"流通科学大学"的名字，但是面对"流通学"这一系名申请还是面露难色。这是因为他们很难承认"流通学"这一学问体系。中内功重振精神，将其设置为"商学部"。[42]

流通科学大学开学之初，招募了200名固定学员，却有超过2万名考生纷至沓来。由此就能明白社会大众对中内功的大学建设有多么高的期待。中内功在这个背景下，在1994年（平成六年）成立了新院系，进一步落实了作为实学大学的实质。

作为大学教育者的中内功积极举办活动增加和学生的接触。中内功对于大学的看法就像之前介绍的"为了学生"的话那样，耐心地接待每一位学生。中内功每年都会为学生做好几次讲座。[43] 不仅如此，他还在入学典礼上花将近一个小时的时间和每一位学生握手。并且，为了直接告诉学生自己在大学、社会中的感想，中内功每周都会寄明信片。这些明信片的一部分后来由学生们收集整理编成了一本书[44]。还有的学生收到过中内功写在信纸上的长信，至今仍视若珍宝。

据说在大荣时代几乎不和不认识的人交谈的中内功在大学中一反常态，积极地融入年轻学生们的圈子中，还和来到大学的学生家属亲切交谈，一起拍照留念。据说，有的学生家属现在仍珍藏着和中内功的合照。

1991年，中内功亲自带领学生们企划实施"纵贯中国到苏联内陆地区"的考察项目（组织流通科学大学中国东北部·苏联极东地区调查队），考察"中国和苏联变革的流通情况"，以为改善日中、日苏间在流通方面的交流做贡献为主题。调查队队长是当时流通科学大学的校长片冈一郎，中内功任总队长，一起前往当地进行前线指挥。调查队从 1991 年 7 月 25 日到 9 月 20 日经过了约两个月的时间，从中国的天津、北京、沈阳、长春、绥芬河（这是中内功在关东军独立重炮第四大队当兵的地方）到苏联的符拉迪沃斯托克、哈巴罗弗里克等地一共走了 4935 千米[45]。

"共生"理念

自 2001 年（平成十三年）9 月从大荣的经营中抽身，中内功就开始面向想创业的大一学生，为他们开创"中内研讨会（别名创成塾）"，目标是培育中小、核心企业的继承者或者创业家。这个理念与其说是"培育下个时代的革命家"，还不如说是"地域内的共生"更为贴切。也就是"在共生的理念下，打造中小商店和大商店在竞争中合作的地缘社会"。中内功在开始研讨会之时，对学生的父母这样说道：

如果只有大型商店的话，世界是不会成立的。大型商店就像杉树那样，如果森林中只有杉树的话，只能增加花粉症的频发。人工造林也没有用。在自然森林中，不只有像大型商店的杉树，还有毛榉树、杜鹃、石楠花等各种植物，各种鲜花竟相盛放。虫子也在这儿居住，鸟儿也会飞来。这些就像中小商店，所有的植物一起共生，形成一片森林。地缘社会就是森林。即使是一个节日，也不能只靠大型店来实现。有商店街、店主、员工一起，地区的节日才能实现。在这个意义上来说，我们必须要重新建立一个人们心意相通的共同体。我为具有继承中小企业或是创业精神的人开办中内研讨会，培育开拓21世纪的富有冒险精神的商人。我希望他们以共生理念为基础，活化地缘社会的商业，参与新共同体建设。[46]

各种树木、花草、虫鸟形成了森林。有了森林，像杉树那样的大树才能成长，然后森林才能继续扩大。中内功说出森林秩序是最重要的，却没有对连锁店、大型店的执着以及改变社会的气势，也没有了"不靠别人自立"的20世纪时的那份严肃，而是更珍惜社会中已经存在的"地缘社会"的秩序（"森林"），我们能看到中内功和他人共生的样子。这和20世纪率领大荣，作为"革命家"挑战社会秩序的中内功有些不同了。

社会在改变，中内功的思想也随之深化。能看到中内功的自主、自律、对自己负责的思想界限在更加稳定成熟的社会中一点点改变。这听起来可能有些像靠自己的力量生存下去的强者的思想，或者说中内功就像是一个注重自己的外壳，把自己和社会的联系降到最小值的孤立者。[47]

但是,中内功的本意当然不是这样。原本中内功期待的社会是"有各种各样的选择,可以自由选择自己喜欢的方向的社会"。一方面,这样的社会将有活化规模经济的大型店的生存之道;另一方面也有在充满人情味的街上的零售商店的生存之道。这些选择日渐齐备,社会的丰富性也随之增加。这样想的话,对中内功而言,"自由""民主主义"和"他人共存"一点也不矛盾,可以放在同一个擂台上。

中内研讨会招募了30名学员。这个研讨会到中内功去世的2005年一共持续了四期(第二期开始招募15人)。笔者在2008年担任流通科学大学校长,在工作期间,有很多机会和包括中内研讨会毕业生在内的那个时期的毕业生接触交流。让笔者印象非常深刻的是,他们这些毕业生以直接师从中内功为自豪,都非常怀念大学生活。中内功充满热情的话和作为教育者真诚的态度深深地影响了这批年轻人。

中内功也到海外举办演讲,先后到中国南开大学、老挝国立大学、中国台湾的高雄第一国立大学和亚洲各地高校,就"流通业的作用""和全球化的欧美流通业的竞争与共生"等主题进行演讲。2002年组成"路径66调查队",企划横跨美国。天生的挑战精神似乎随着年龄的增长而越来越旺盛。2004年,82

岁的中内功考取了驾照。长年担任中内功秘书的宫岛和美说："能开 100 米也好，他想要开满 66 条路。"[48]

注释：

1 参照雷贝卡导航系统,高月园子译(2010),《灾害乌托邦 》(亚纪书房)。
2 渥美俊一 (2008),《21 世纪的连锁商店 》(实务教育出版) p126。
3 宇野重规 (2013),《民主主义的建设方法 》(筑摩书房) p31。
4 中内功 (1979),"我选择的道路：叙述理想的校长"《日本经济新闻 》1979 年 9 月 17 日。该内容收录于元冈俊一、大沟俊夫编 (2005)《明朗、欣欣向荣、从不泄气：中内功言行录 》(学校法人中内学园流通大学)。
5 中内功 (1990),"培养个性的教育"《经济人 》(关西经济联合会) 1990 年 9 月号。
6 中内功 (2000),《流通革命尚未终结——我的履历书 》(日本经济新闻社) p110。
7 中内功 (1988),"为了学生"《日本教育新闻 》1988 年 3 月 12 日。
8 临教审三年关于什么样的议题进行了怎样的讨论,详细请见内田健三 (1987)《临教审的轨迹 》(第一法规出版),在书的最后几乎原文刊登了中内的笔记。
9 同上 p219-p227。
10 上述,《流通革命尚未终结 》p110。
11 中内功 (1980),"第二产业优势时代结束"《朝日新闻 》1980 年 6 月 20 日给"论坛"的投稿。

12 参照野口悠纪雄（2010），《1940年体制增补版》（东洋经济新报社）。
13 佐野真一（1998），《天才》（日经BP社）p371。
14 石井淳藏（2012），《市场营销思考的可能性》（岩波书店）p283-p309，《靠近的力量》（2014）（硕学社）p221-p240。
15 中内功（2007），《(新装版)我的贱卖哲学》（千仓书房）p1。
16 彼得·F.德鲁克著，野田一夫主编，现代经济研究会译（1965），《现代的经营》上下卷（钻石社）。
17 对于日本不能在世界上独占第二产业的状况进行了批评，但是在这里省略了。
18 上述，《流通革命尚未终结》p114。
19 同上 p114-p115。
20 经常能够听到零售大企业经营者谈及"士农工商"的壁垒。LIFE创始人清水信次谈到决定消费税的经过，说"500兆日元的GDP中约六成和个人消费有关，可能因为还残留着士农工商的偏见，零售业的话语权较弱。"（《纤维新闻》2015年5月29日）另外，2012年获得"企业家大奖"的YAOKOO会长川野幸夫愉快地说道"自己获奖能提高一些零售业的地位的话将十分高兴。"（《企业家俱乐部》2013年1月、2月号）
21 大塚英树（2007），《流通王》（讲谈社）p251-p255。
22 中内的发言，也就是说和美国拉开一定的距离，加深和中苏的关系。作者不禁感觉和石桥湛山的外交政策类似。参照松尾尊充编（1984）《石桥湛山评论集》（岩波文库）。
23 1993年1月15日晚，在钏发生了震级7级震度6度的大地震。其他的连锁组织第二天歇业时，大荣各店以中内润副社长为中心商议营业，早上八点开业。在大荣，彻底认识到"店铺就是生命线"。大荣社长室（1993），"大家同心协力思考店铺"《CEO中内记录》（该室调查部）

p70-p73。

24 恩地祥光（2013），《中内功的秘书》（社长社）p84。

25 上述，《流通革命尚未终结》p129-p131。

26 同上 p131。

27 吉本隆明（2006），"那行动力的背后"佐野真一编著《战后战记中内大荣和经济高度增长的时代》（平凡社）p220-p221。

28 上述，《流通革命尚未终结》p131。

29 Sony Magazines Business Book 编辑部编著（1995），《向 21 世纪的革命商人中内功语录》（Sony Magazines）p21-p25。

30 P.F. 德鲁克，中内功著，上田惇生译（1995），《挑战的时候往返信件》（钻石社）p60。

31 包括这一发言，德鲁克在流通科学大学的演讲（1996 年 10 月 18 日）的内容由上田惇生翻译，收录于小册子《P.F. 德鲁克博士演讲会"挑战和创生"》（流通科学大学 1997 年 2 月发行）。

32 《流通科学大学指南》1989 年版。

33 关于终身教育在开学当初积极地举行了企业人对象的研修、研讨会，但是现在中止了。

34 上述，《流通革命尚未终结》p111。

35 中内功（1988），"我的大学革命"《月间知识》1988 年 9 月号。采访人是上之乡利昭。该内容收录于上述《明朗、欣欣向荣、从不泄气：中内功言行录》p132-p141。

36 虽说如此，但也当然不是说根据学问体系的课程设计和学生希望的未来毫无相关。按照"何时一定会有帮助"的方针设计的。但是问题是这个"何时"学生很难理解。

37 上述中内功执笔记事"培育个性的教育"。

38 中内功（1988），"所谓真正的实学"对《日本教育新闻》1988 年 3

月13日"视点"的投稿。

39 上述中内功执笔记事"培育个性的教育"。

40 中内功（1988），"我的大学革命（和上之乡利昭的对话）"《月刊知识》1988年9月号。该内容收录于《明朗、欣欣向荣、从不泄气：中内功言行录》。

41 中内功（1986），"对流通科学大学的梦"《季刊消费和流通》（日本经济新闻社）1986年夏。

42 中内功考虑过将流通学院分为流通学科（贸易/商业经营/广告宣传·消费者）、经营学科（组织·人事/财务/企划·调查）、财政学科（金融·证券/保险）、开发学科（产业社会/不动产）、观光学科（观光·观光事业/服务）的体系（参照1991年商学部改组案）。岩谷尧评价这个体系称："可以看出是反映了自己的事业体系的学科体系建设。"根据收录于《流通科学研究所调查笔记》（中内学园流通科学研究所）2012年11月刊的"岩谷尧调查记录"整理。

43 也在研究生院和林周二、田岛义博、荒川祐吉各教授一起在节目中进行演讲，其成果整理在流通科学大学（1999）《致向明日的开拓者们》（该大学出版）。

44 流通科学大学（1989），《流通科学大学中内功理事长给我们的明信片》（该大学出版）。

45 关于这个项目，详见中苏调查队报告书编辑委员会编《长途汽车驶过中国苏联5000千米——变革的流通情况考察》（流通科学大学）。

46 中内功(2001)，"父母畅谈会问候"2001年6月23日。该内容收录于《明朗、欣欣向荣、从不泄气：中内功言行录》。

47 宇野重规（2013），《民主主义的建设方法》（筑摩书房）。

48 "对宫岛和美的采访"（2016年2月19日，采访者是作者）。

七 一代革命人逝去!

悲痛悼念

2005年(平成十七年)9月19日上午9：30，中内功去世，享年83岁。8月26日离开神户的流通科学大学，中内功在去医院定期检查时病倒，确诊是脑梗死，之后再没有恢复意识，溘然长逝。

很多人对中内功的去世感到惋惜和悲伤。同年11月3日在流通科学大学举行的"学园葬"中，超过4000人前来吊唁，向遗像供奉白色的康乃馨。另外，12月5日在东京再次举办的告别会上，居住在东京的财界人士和大荣的相关人员加起来有超过2000人参加。在告别会上，日本超市协会会长清水信次进行了会前讲话。他是中内功一生的朋友，中内功打心里尊敬的人。清水信次简单明了地总结了中内功一生的功绩。下面简单概括并引用其中的一部分。

清水信次首先介绍了中内功的履历。[1]

从关东军国境守备队所处的零下40摄氏度酷寒的中苏国境前往炎热的菲律宾前线，在吕宋岛林加延湾中突击特攻时中弹，身负重伤差点死掉。之后，在饥饿的地狱中九死一生，得以生还。从神户三宫破败的黑市起步，然后到大阪千林"主妇的大荣一号店"开业。终于打造了以流通、餐饮、金融、娱乐为主的，公司数达187家，员工超过10万人，总营业额超过52293亿日元的大荣集团。

接着清水信次描述了在东京举办告别会的经过和情况。

曾任经团联会长的稻山嘉宽、斋藤四英朗，新日铁会长兼东急集团总帅的五岛升，没有机会来东京追悼战后最大的革命家，野武士集团的英雄中内功。原来的母体大荣，在产业再生机构的管理下出现许多困难。为此，生产、流通、餐饮等相关的11个团体的同志们一起协商，赞颂中内功的功绩，他们想要联名举办一个为中内功祈祷冥福的告别会的愿望不谋而合。

之后介绍了中内功创立流通科学大学的经过，以及他的很多学生继承他的意志，继续为社会做贡献。

受同乡前辈坂本龙马的启发，中内功为给后世培养人才，在昭和五十四年（1979年）发表了创立大学的构想，在10年后的昭和六十三年（1968年）正式成立了大学。

流通科学大学位于神户市六甲连山高台的开阔土地上，创立17年以来已经有超过1万的毕业生,超过4000人接受过中内功校长的熏陶。我相信中内功先生的精神在今后也将被一直继承并永远闪烁光辉。我想,即使说流通科学大学与大隈重信的早稻田大学、福泽谕吉的庆应义塾相匹敌也不为过。

最后,还说到了中内功深受许多人的敬仰,并对前来参加告别会的来宾表达问候,约定一起继承中内功的遗志。

说几句题外话,清水信次后来成为流通科学大学的主体——中内学园的理事长。在繁忙的工作中,他每年都会作为来宾到校参加典礼,在毕业典礼、开学典礼上对学生及家属表达问候。大概是因为他觉得自中内功去世至今,作为最了解中内功的人,必须将他的思想和热情传递给年轻人。在大学的讲话中,清水信次总是会称颂中内功的功绩,陈词恳切。清水信次认为原原本本地继承中内功对流通革命奉献的热情和中内功的思想是自己的使命。

清水信次所称颂的中内功就像他说的那样,作为一名实业家兼教育家,中内功可以和明治时期的大隈重信、福泽谕吉比肩。另外,中内功一生中创立了许多事业、企业、产业的功绩同样让人清楚地想起明治·大正时期的涩泽荣一、小林一三。1993年,中内功的功绩得到了认可并被授予勋一等瑞宝章(译者注:勋章之一,授予被认为多年来对社会、公共事业竭尽全力的有功人员，分一至八等）。

石桥湛山、小林一三及中内功

那么，在详细传记即将结束之际，再次思考一下，中内功穷极一生在追求的到底是什么。

中内功出生于大正时期，本书以寻找大正时期的特点为起点。正如人们所说的"大正民主主义"那样，大正时期是一个在政治、文化方面都展开了以群众为中心的政治运动和文化运动的时代。从1867年（庆应三年）明治维新以后到1945年（昭和二十年）战败约80年期间，没有一个时代像那个时代那样充分发挥了民众自由豁达的力量。

最有趣的是，经过日本军、美国占领军统治的三十年，大正精神在昭和时代复苏。大正民主主义的代表提倡者、自由主义者、和平主义者石桥湛山在1956年12月继任日本第55代内阁总理大臣。但是，可惜的是，石桥湛山由于疾病缠身仅任职数月就退任了。不过，后来日本为成为和平世界的桥梁，建立一个和平的、没有战争的世界，积极举办和平活动。1959年，在美苏冷战时，日本提出日中美苏和平同盟，首相松村谦三访华并和周恩来发表共同声明。

没有想到的是，继自由主义、和平主义者石桥湛山后担任日本第五十六代内阁总理大臣的是岸信介[2]。岸信介因签订1960年的日美安全保障条约而在历史上留名。另外，由于他战前在工商省成为"革新官僚"的核心而被大家熟知，其目标是致力于构筑新统治经济。当时的"革新官僚"中有后来的社会党党首胜间田清一、外务大臣椎名悦三郎、邮政大臣迫水久常。

如前所述，岸信介在担任工商省次官时的工商大臣是阪急集团创始者小林一三。近卫首相在组阁后的1940年8月1日，发表了谋划大东亚圈秩序的"国策基本纲要"。以此为契机，特别是在"资本和经营分离"的经济制度建设上，岸信介次官和小林一三大臣都处于严峻的对立状态。

岸信介等人的官僚方案是将资本和经营分离。这个方案是资本仍按照原来那样属于资本家（股东），只把经营归为国有，即"民有国营"方案。这是一种统治经济的策略，目的是为了直接把企业的生产力集中于战争，但是在思想上具有浓厚的社会主义色彩。企业应该对公共利益做贡献，不允许不劳而获的特权阶级存在。官员一方比市场更能做出正确的判断等思想是岸信介等革新官僚的后盾。因此，小林一三甚至称岸信介为"共产主义者"。

作为企业家，信奉自由经济、自由主义的小林一三当然强烈反对该方案。岸信介辞去次官职务，该方案自然也从"国策基本纲要"中消失。小林一三是要把岸信介的方案"完全击垮"[3]。

但是，后来的发展迂回曲折。小林一三辞去大臣一职，岸信介等官僚最后凭借巧妙的制度设计留了下来。完成战时统治经济体制，自由主义的经济失去了立足之地。同年，成立大政翼赞会，日本变身为所谓的"社会主义国家"的样子。那时的制度几乎没有改变，一直延续到现在。[4]

被称为革新官僚，想要构筑国家统治经济的岸信介和信奉自由经济、自由主义的小林一三，从基本思想来看完全不统一。岸信介和与小林一三同一立场的自由主义者石桥湛山竞争总理大臣之位，又在石桥湛山之后就任总理大臣一事可以说是种"奇缘"了[5]。

顺便说一下，石桥湛山对官僚统治的现实批判立场。石桥湛山在刊登于1924年9月6日的《东洋经济》评论"行政改革的根本主义——中央集权到分权主义"中严厉批评官僚主体的体制，文章写道：像原来官僚指点国民，不过是革命时代暂时性的异常。在国民基本成熟之后，政治必然应该是依据国民施行的，官员应该回归到国民公仆的位置上。……像之前和官僚政治相关的中央集权、统一主义、官僚万能主义（特别是像文官任用令）等行政制度，都必须要进行根本改革。1957年9月，石桥湛山回归政坛。与此同时，年仅35岁的中内功在大阪市内千林商业街一角和小弟弟中内力一起开了一家低价药店。中内功从早到晚都待在店里，甚至连家人都想不起他来，他比任何一名员工都卖力工作。他不仅亲身体验未知的零售业领域，还积极参加研讨会拼命学习。在赴美考察时明白了自己的使命，从那以后，高举"民主主义"的大旗，致力于发展零售连锁事业。他顽强抵抗供给侧的垄断力量，贯彻消费者志向，坚信以消费者主权为基础的市场的作用。他还强烈反对各种不同形式的精英社会设计思想。

另外，中内功和石桥湛山一样是不折不挠的和平主义者。他经常主张流通是生命线，流通产业是和平产业。在阪神·淡路大地震时，大荣公司尝试的灾区支援对策正是作为和平主义者的思想力证。

在千林开店后约30年的1988年，中内功在神户创立大学。兴办教育是中内功多年来的愿望，他力排在教育方面的管理主义，将培养学生的个性作为大学的办学理念。"反管理主义""个性主义"的教育理念是中内功在构想创立大学时定下的目标。本书第一章中也介绍过，这和诞生于大正时期的"自由教育"思想有着惊人的相似。

将中内功从流通到教育的一系列活动轨迹和中内功出生的大正时期的思潮相对照，我们可以把它们作为具有同一纲要的思想来理解。当然不是说中内功受到了大正思潮的直接影响。从中内功的相关资料来看，并没有和大正民主主义以及石桥湛山有直接关系的内容。

中内功和大正时期的关系只是间接的、片段式的。比如，年幼时母亲带他去阪急百货店的餐厅吃咖喱饭的愉快回忆；对大正时期以梅田的阪急百货店为开端，构筑了阪急集团基础的小林一三的事业思想和实践心生向往；特别是从对大众感同身受的心情出发，打造的事业构想，对日薪商业的评估，以及对城镇、文化创造的积极进取。[6] 以及和小林一三一样，喜欢大正时期的大众文化创造发源地浅草（译者注：以东京浅草寺为中心的闹街），等等。[7]

另外，经济思想家长幸男表达了对中内功的实业家思想的兴趣，高度评价了中内功的《我的贱卖哲学》，并将其收录于自己编著的《战后经济思想》。他实际上是研究石桥湛山的第一人，毫不避讳对石桥湛山的尊敬。从这里也能看出中内功和石桥湛山或者是大正思潮有着冥冥之中的缘分。他非常反感"1940年体制"。这一体制是战前革新官僚们和当时是工商大臣的小林一三在激烈对抗后期建立的，和大正时期民主主义思潮是相反的。[8]

岸信介提出的1940年体制，为大东亚战争做准备的法律全部被保留了下来。食管法（译者注：粮食管理法）、日本银行法、专卖法、建筑基准法，所有的法律都被原样延续下来。国家还像20世纪40年代那样，没有官僚的判断就无法运行。必须要从根本改变这一体制，转变思想。[9]

前文已经介绍过中内功强烈反对轻视经团联会长稻山嘉宽对"商"的看法，认为"消费是不道德"的思想。但是，稻山嘉宽的这一思想实际上是"1940年体制"的想法。"1940年体制"概念的提倡者之一野口悠纪雄认为"消费是浪费，因此是不道德的"这种通念是生产者优先主义的想法。中内功说，在战时经济以及战后的高度成长时期的"1940年体制"下，人们一直被这种通念支配着。[10] 只能说轻视消费的想法（反过来说，供给侧决定社会的情况的想法）就是轻视市场、竞争的作用的想法。

看到了中内功对"1940年体制"这样的反对言论和对自由豁达的实业家小林一三的强烈共鸣，就能看出中内功内心的精神和中内功出生时代的精神紧密贴合。中内功通过面向流通、教育、社会的种种活动，一直诉求寻找的到底是什么？不就是"大正时期的自由和民主主义精神"吗？

诉求这种思想的人在大正时期和战后有很多。但是像中内功这样，在诉求的同时挑战已有势力，而且认为这还不够，还在必要时亲自成立组织和完善制度的人就少之又少了。

"谢谢你！中内功"

从大荣的经营抽身以后，中内功因为大荣的经营不善受到了很多人的批评。评论家和学者提出很多意见说"应该那样做，应该这样做。"对此，中内功没有做出解释。想必想说的话应该堆积成山了，但是他一句话也没说。

即使什么也不说，他的功绩还是留在了很多人的心里。在中内功去世后的第8天（9月27日），中内功所有的大荣Hawks的后身——福冈Soft Bank Hawks与福冈雅虎、东京巨蛋和东北乐天金鹰队展开对战。比赛开始之前，两队选手、相关人员和来球场观看比赛的观众一起对中内功表达了哀思，集体默哀一分钟。当时，巨蛋的电子屏幕上这样写道："谢谢你，中内功！福冈不会忘记你。愿你一路走好。"

注释：

1 参考流通科学大学PH。
2 福田和也（2002），《注满水的一刻到来的话（第三部）——松下幸之助和日本资本主义的精神》（PHP研究所）指出了松下幸之助和岸信介在同一个时代，虽然在经济、政治的立场都不同，但都以建立一个和欧美弱肉强食的资本主义不同的新形式主义，即所谓的日本型资本主义为目标。

3 坪井贤一（2011），"小林一三和岸信介围绕电力国家管理和'资本·经营分离'的斗争"《周刊钻石》2011年6月24号（钻石社）。

4 野口悠纪雄（2010），《1940年体制增补版》（东洋经济新报社）。另外，同上坪井贤一的论文（2011）。小林英夫、冈琦哲二、米仓诚一郎、NHK取材班（1995），《日本株式会社的昭和史》（创元社），探索了官僚统治的1940年体制在持续到站后的情况。

5 该内容收录于松尾尊允（1984）编的《石桥湛山评论集》（岩波文库）p140-p143。

6 在询问你尊敬的人、你的榜样是谁的时候，中内功一定会说是小林一三。中内功在年轻时就反复阅读小林一三全集。参照Sony Magazines Business Book编辑部编著（1995）《向21世纪的革命商人中内功语录》（Sony Magazines）p44-p46。

7 浅草，自不必说是象征大正时期大众文化的根据地。收录于佐野真一（1998），《天才》（日经BP社）p607。和以大众为出发点发展事业的小林一三一样，中内功也非常喜欢和养育了自己的新开发区很像的浅草并助力当地的开发。《东京新闻》1994年12月21日。

8 《东京新闻》1995年5月11日刊登的中内功的投稿"日本是全部协商"。另外，佐野真一的采访中表明了中内功对小林一三的崇拜和对提出同小林一三对立的1940年体制的革新官僚们的厌恶。根据上述《天才》第21章。收录于大荣社长室调查部（1995），《CEO中内的记录》（该部）p182。

9 上述，《向21世纪的革命商人中内功语录》p6。

10 上述，《1940年体制增补版》p136。

第二部 论述

谁是"流通革命的先导者"
一次相遇和一次离别

一 两次"流通革命"——中内功和中内力

大荣分裂的危机

在大荣迅速发展的1968年（昭和四十三年），大荣公司内部出现了严重的问题。中内功社长和担任专务的弟弟中内力在公司运营上的意见出现了明显的分歧。中内家的"大荣东西分割论"似乎变成板上钉钉的事了。

千林的小药局在变成年销售额达数百亿日元的大公司之前，一直是由中内功社长和中内力专务齐心协力一起经营的。两人自然地形成了固定的职责分工，中内功社长负责经营，中内力专务负责管理公司内部事务。另外，和中内力专务同年毕业于神户商业大学的几名校友也在中途加入了大荣，并担任干部。人人都认为，兄弟两人可以一边互相切磋琢磨，一边推动大荣发展。但实际上，他们是对立的关系。我们来探寻一下二人的对立点。笔者认为，两人的意见出现分歧和中内力专务退出大荣是日本流通革命史上两个重要的转折点。[1] 通过探寻这一问题，我们可以了解到当时大荣面临的发展方向，也就是当时"有什么发展课题；在零售行业能看到哪些可能性；有什么样的选择"。通过分析这一问题，可以看清日本流通革命的特点。

让我们先来看一看两个人的对立点在什么地方。由此，我们应该可以感受到"历史"是由"人和人的关系"创造出来的。

是众议还是独裁

两人第一次开始对立是在1968年（昭和四十三年）的一次会议上，这次会议讨论了公司的决策方式。

同年，在大荣西宫总部召开的会议上，中内功社长说："大家要一起好好协商讨论，但是最终决定还是由我来做。"对此，中内力专务提出了异议，他说道："如果一开始就说由社长来做决定，就无法展开有实际意义的讨论。如果没有反对社长意见的发言，会议本身就没必要了。"[2] 对立点这个词比较抽象，仅凭这些很难说哪一方是正确的。当时在场的人也应该有同感，他们也还没有习惯董事会的讨论方式。"回想起来，从1963年起我们的意见就开始对立了，也开始起了冲突。两个人的意见一旦起了冲突，其他的董事和部长就会一直保持沉默。"中内力说。[3] 这可能是因为他们觉得"兄弟吵架时旁人不要插嘴"。另外，也是因为两个人的对立意见都有各自的道理，很难轻易下结论。

争论点主要有以下三个方面：

【连锁规模的经济效益和一家店的利润积累】

两人关于开新店的想法不同。中内功社长的想法是要保证连锁店整体盈利，因此当下必须积极地开店。对此，弟弟中内力专务则认为应该重视核算每一家店的收支。[4]

【垂直统合和纯粹商人】

中内功社长主张"垂直统合"的策略，即不只停留于零售业领域，还要进军批发业，甚至制造业领域。与此相反，中内力专务的想法是："零售业在进货上常常需要自由规划，因此实行垂直统合容易迷失方向。"[5]

【联邦经营主义和统一经营主义】

当时，在大荣有一些关于合并或合作的传闻，但是都没有结果。这是因为兄弟二人关于合并后的体制有意见分歧。中内力专务认为"以加入对方公司的经营高层为前提，（合并的）两家公司合作运营"。但是，中内功社长打算吞并或收购其他公司[6]，因为中内功认为每个企业对自己未来发展的规划本来就是不同的。

大荣面临的问题

中内功社长和中内力专务的以上三个争论点都是针对大荣

的，更是当时（并且持续到现在）的综合超市在考虑基本战略时不能回避的共性问题。下面，我们来详细了解一下具体的理论背景。

【连锁规模经济 VS 每家店的收益性】

即使二人在连锁超市化的想法上达成了一致，但开展的方法也明显分为两个立场：连锁整体产生利润的做法和每家店都产生利润的做法。

◇中内功社长的立场：连锁整体产生利润

重视连锁整体的利润和重视每家店的繁荣是完全不同的策略，这是这一观点的立场。中内功的朋友兼顾问渥美俊一的主张更加明确。后来，人们把主张每家店的繁荣是第一位的理论称为"繁盛店的理论"。

"繁盛店"的概念是在连锁经营尚未正式化的 20 世纪 60 年代，由零售业的同行们提出的主题。

当时，商业杂志的封面上写着店铺平均每坪的收益可达到几百万日元，同时还有许多对此有兴趣的店主举办的活动，他们到单位面积效率高的店去参观、学习提高单位面积效率的技巧等。在这些"繁盛店"中"坪（卖场）效率"就是今天说的 KPI（Key Performance Indicator，评价企业目标达成度的主要业绩评价指标）。

但是，渥美俊一认为："卖场销售效率过高的店铺经常被弄得一团糟，所以，这不仅对客人来说没有了便利的购物环境，还会带来大量的成本。"从任何角度而言都毫无裨益。[8]他甚至还说，必须利用连锁商店来消除"繁盛店"。对他来说，多开设连锁店和提高连锁店的"卖场总面积"是最重要的。

那么，如果一家店没有产生利润，而连锁企业整体要产生利润的话，需要一个怎样的结构呢？可以大致划分为两类：第一类是增加市场店铺总面积的规模经济结构，第二类是扩大商品进货的规模经济结构。

前者是关于市场店铺总面积的规模经济效益，只要联想到连锁店 7-11 尝试的集中开店方式就能够理解。物流基地设置在该地区各个店铺的中心位置，通过在此存货、配送获得大规模开店的经济性，得到超过各家店利润总和的利润。除此之外，集中开店的各店铺间会产生各种各样的协同作用。通过合作，会出现共同销售带来的经济以及教育进修或者是人文交流带来的经济，这些也十分重要。后者是说，进货规模的经济效益是通过增加店铺来增加销售量，从而扩大进货量来获得的。因为商品进货量增加，进货规模的经济就会起作用，每个商品单位的原价就会下降。

当时的连锁企业注重的是后者。如果没有获得这种经济效益，连锁组织就必须做出特别的努力，即在连锁总部中做到以下三点：商品备货集中于单品；各店铺销售的商品集中进货；以组织的形式分离销售和进货的功能等。

作为公司来说，获得经济效益自然和提高连锁总部（特别是商品进货部）的指导能力相关，这就是美国当时成功的连锁商店理论的核心。中内功社长的目标就是提高进货上的经济效益。[9]

◇中内力专务的立场：重视每家店的利润

即使以进货的经济效益为核心可以产生连锁整体的经济利润，也不过是纸上谈兵，到底能不能发挥作用又是另一个问题。在像创业初期那样没有充足的资金的时候，采取这样的战略未免太过冒险。1958年（昭和三十三年），大荣在三宫开店时，资金不够买下一整块地，只能采取过一段时间买一部分土地的方式，慢慢增加面积，从而扩大店面。

之后的一段时间，大荣只能依靠从银行借来的资金运作。[10] 那时，如果哪个店出现亏损的话，之后的开店计划就要全部搁置。更糟的情况是，如果一家店出现亏损，可能几家店的盈利都弥补不了。"连锁会从最弱的一环开始崩塌。"中内力专务提醒道。

中内力专务的理论是，即使连锁的经济效益成立，也必须谨慎考虑实行的时机。他的立场是，当时的大荣不具备大力开发连锁经济效益的条件。中内力的想法是谨慎地走好每一步，通过确保每家店的收益来发展公司。但是如果要采取这样的发展策略，就必须做好发展速度会较为落后的思想准备。

◇ "大量计划销售单品"主义的可能性

"重视每家店的经营"还是"重视连锁经济效益"的问题涉及最根本的问题，即特定商品的价格吸引力和店铺商品种类齐全的吸引力能并存到什么程度。大荣在三宫店以压倒性低价提供牛肉、苹果和香蕉，这是中内功社长大量计划销售单品的开端。但是，仅靠单品低价的吸引力很难让各店持续吸引到忠实的消费者，确保一家店的利润。因此，必须要有所谓的"混合商品供应计划"。以下两点尤其需要注意：

第一，尝试混合商品供应计划使备货的商品种类增多，卖场的规模扩大。关于这一理论，中内功在自己的《回忆录》中这样回答三位大学教员[11]的访问："在商场中放置两成毛利为5%的商品，三成毛利为10%的商品，五成毛利为20%的商品。这样一来，平均毛利就会达到14%。不断向顾客强调毛利为5%的商品很便宜，然后靠毛利为20%的商品产生利润。"

中内功所说的"混合商品供应计划"就是通过巧妙地搭配不同的商品，得到顾客们"很便宜"的评价，同时确保店的利润。中内功一边在白板上用框架图说明原理，一边向采访他的三个人解释这一计划，由此能看出中内功对这一理论很有把握。

在采访中，通过中内功的那句话能够感觉到大荣在从"大量销售单品"的经营向"混合商品供应计划"的经营转型。在问到中内功从何时开始意识到这种转型的，他却说："其实没有发生急剧的变化，"并回答两者必须共存。

为了能在竞争中压低价格，不得不增加商品种类，也不得不向顾客提供消费频率低的商品。在某种意义上，这有些自我矛盾。便宜销售单品不算是做生意。既要让顾客感到便宜，又要备齐各种商品，赚取利润差，不断加入能获取利润的商品……这样一来店铺就会不断扩大了。[12]

为了让特定商品不断打折出售，必须备齐一些能确保一定程度毛利的商品。也就是说，为了打折销售，必须要进行"混合商品供应计划"。对公司的经营来说，两者都是必不可少的。为了达到这些就是必须要扩大卖场的面积，强调打折销售必须要克服这些矛盾。[13]

第二，为了混合商品供应计划能够顺利实行，除了要了解当地居民的需求外，还必须要在和对手店铺的竞争中时常保持优势地位。

不论是食品还是服装，在一个地区中最能招揽顾客的店被称为"地区一号店"。反复推敲一号店具备的条件会发现，"地区一号店"必须是同类商店中商店面积最大的。大荣在1970年以后彻底贯彻了这一理论,确保地区一号店的市场地位。但是,其他零售店也不只是眼巴巴地看着大荣做出这些尝试,他们也会像大荣那样,为了对抗大荣开更大规模的新店。为应对此事,大荣必须进行店铺改装、扩张,有时还需要重建。通过这些举措,大荣确保了该地区的长期一号店的市场地位。

虽然以连锁经济效益为目标大量开店的战略是中内功社长战略的基础,但地区一号店的维持战略也同样重要。实践过程中必须要很好地把握这一平衡。中内功社长的大量开店战略和中内力专务的确保各家店铺收益性战略是完全对立的,在某种意义上来说这也是连锁经营中不能避免的问题。[14]

【垂直统合 VS 纯粹商人论】

第二个对立点是进行垂直统合还是做纯粹商人。中内功社长提倡向上游领域的垂直统合,并付诸实施。他向批发、制造领域进军是基于由此可以向消费者提供更便宜的商品的想法。确实,如果能以制造原价进货(或者是以批发原价进货),就能比经由批发商进货更便宜地出售商品。如果能以PB或SB的形式掌握自己的制造部门,原价就会更低。为了降低价格,中内功采用资本加盟批发商厂商或向批发商厂商派遣员工的策略。

中内力专务反对这种做法,他主张的是可以称为"纯粹商人"

的策略。他说向上游领域垂直统合是小看了"商人原本的力量"。要将质量好的商品以便宜的价格销售，必须以低价进购高质量的商品。

他这样说："比如说销售电器产品，我们要找到并为消费者提供物美价廉的商品，不管商品的厂商是日立、东芝、松下还是三菱。但是，一旦受到了资本关系或者人情关系（译者注：和客户之间合作关系）的影响，即使某个厂家的商品质量一般，或者进货价稍贵也会进货。由此，超市、批发、厂商之间沆瀣一气，不得不销售一些并不是真正有利于消费者的商品。"[15] 也就是说，所谓的"零售商大荣的力量"最后应该是"从所有的（可能的）供货商那里进货，销售给所有的（可能的）需求者。从所有的供货商那里进货，销售给所有需求者"，这才是商人的本职工作。在以研究商业本质为核心的"商业论"和"流通论"中也主张这一观点。学术界甚至指出，如果没有这一职责，商人就没有了在社会上存在的依据了。这就是被称为"商人存在依据"的理论。中内力专务的意见和这一理论不谋而合。[16]

就这样，两人虽然在追求"好货越来越优惠"的低价营销上意见一致，但在实现操作的方法上是完全对立的。

那么，究竟谁才是正确的呢？如果从大学商业学、流通论中寻找答案，结果就是中内力专务是正确的。但是，在现实中又会如何呢？站在中内功社长一边的是企业顾问渥美俊一。他大力宣传有助于日本大规模零售企业发展的方法论，即"垂直统合"论[17]。矢作敏行概括说，渥美俊一的想法是"连锁商店具备单品销售能力，参与生产阶段，最终实现装置产业化"的方法[18]。渥美俊一在中内功去世后赞扬了他的许多功绩，特别是高度赞扬他先于其他公司进行"垂直统合"的尝试。

SAISON集团的理论指导者佐藤肇也赞同中内功社长的主张。佐藤肇陈述了一个设想，即早晚都会出现以零售企业为中心进行垂直统合的流通体系，这一体系将会和实力雄厚的厂商主导的体系以及实力雄厚的批发商主导的体系一起形成一个三足鼎立的综合流通体系。[19]

另外，海外的马克斯以及斯宾塞也因采取了这种策略而闻名于世。中内功从很早就开始关注SAISON的战略了，该公司的产品大部分由自家的PB产品构成。

但是，中内力专务大力提倡的"纯粹商人论"也绝不是理论家的纸上谈兵。笔者认为，当时伊藤洋加堂的方针应该就是"纯粹商人理论"。该公司重视已有的客户，和大荣一样以"物美价廉"为方针，但是其重点在于通过批发商的协助获得质量上乘的货物，也就是"本土品牌商品"，再进行低价销售。[20]

【联邦经营主义 VS 统一经营主义】

合并项目之一是和由二哥中内博担任社长的"荣"合并，这应该是 1963 年（昭和三十八年）的事了。以现金批发店起步的"荣"在当时也已经以大阪、京都为中心开展连锁超市。另一个合并事项是关于和姬路的连锁超市 FUTAGI 的合并，具体时间不详[21]。

合并后采取什么样的经营模式呢？有两种模式，一是采用合并后的公司分权经营的"联邦经营主义"，另一个是采用将合并后的公司统合为一个组织的模式，即"统一经营主义"。下面我们来看一下这两种模式的区别。

在超市行业中盛行以中规模公司为中心的合纵连横。[22] 在这一潮流中，有的经营者大力推进"联邦经营"，有的经营者并不支持合并发展或者共同进货等合作。

推进联邦经营的经营者中有率领 NITII 的西端行雄、创立佳世客（现永旺）的冈田卓也。据矢作敏行称，西端行雄认为，所谓的本土连锁一体化不是全盘统一，而是发挥各个合作企业的特色、灵活运用"个体（主体）——全体（客体）"的形式进行统一经营。矢作敏行具体介绍道，在第一阶段，双方另设一个共同出资的法人进行资本参与，原则是店铺名和经营权不变，员工的待遇与较好的一方保持一致。接着，在推进企业文化、理念一体化的阶段，一般会采用合并的办法。[23]

另外，带领佳世客的冈田卓也通过合并扩大了自身规模。他提倡的就是"联邦经营"。大多数的合并都是为了获得规模经济效益才进行的。看到最近银行等合并经营会发现，合并后企业放弃没有意义的业务并进行裁员，着重提高效率。但是，冈田卓也提倡的"联邦经营"不只是这样，他提倡的是尽量活用、合并公司的经营方法。[24]

而统一经营主义则认为，公司必须井然有序地管理到每个细节。这一主义的代表有伊藤洋加堂的伊藤雅俊、关西超市的北野祐次。两人都没有在零售企业同行联盟合并盛行时随波逐流，而是潜心于探索内部发展的道路。即使牺牲掉扩大规模带来的规模效益，也要进行内部发展。这是因为他们认为没有内部发展很难进行统一的经营。北野祐次认为，因利益而聚集到一起的人会因为利益再度分开。[25] 也就是说，当两个商店产生规模差距，所处商圈重叠时，合作也将变得更困难了。[26]

依靠内部发展的伊藤洋加堂和关西超市在确保各自的发展速度同时在流通业的激战中完美地生存下来。另外，永旺一边遵循大荣、西友、伊藤洋加堂的模式，一边推进联邦经营。从它们的结果来看，无法判断两种方式孰优孰劣。

中内功社长和伊藤雅俊、北野祐次一样，认为容易半途而废的合作、联邦经营都存在一定的局限。但是，中内力专务却和西端行雄、冈田卓一样，属于联邦经营派。"正因为他们能相互理解对方的理论，才知道两人是无法调和的。"因为伊藤雅俊、北野祐次的独立方案和西端行雄、冈田卓也的合纵连横方案是没有交集的。[27]

中内力离开后，大荣的发展

由于上述的种种对立，两人之间的隔阂无法化解。于是两人请父亲中内秀雄做最后的判断。父亲秀雄可能觉得两人的想法相差太多，很难再一起共事了，于是提出将大荣东西分割，提出将全国分为之前重点开发的关西以西地区和相对没有怎么开发的东部地区，让兄弟二人各负责一部分。但是，这一妥协的方案最终也没有顺利实现。中内力专务决心离开大荣，并于1969年1月向父亲表明了自己的想法。

我们来看看中内功社长和中内力专务分开之后大荣有什么变化。首先，大荣的经营按照中内功的想法实现了一体化，没有被分割，并维持了规模。中内功社长可以毫无顾虑地按照自己的方针经营，这些都有助于大荣的发展。请看下面的表1，其中显示了在两人对立分明的1969年前后大荣业绩的变化，我们能看到大荣每年的销售额、成长率以及录用大学毕业生的人数。录用大学毕业生的人数不断增加也表明了大荣对未来的发展期待。

通过表格数据我们能看出,1969年以后发展突飞猛进。虽然之前也进入了快速发展阶段,但是1969年后的发展速度远远超过之前,录用大学毕业生的人数也从曾经的两位数变成了三位数,人数从200多增长到300多。在这一时期,能看出中内功想要迅速发展大荣的愿望。可能是因为这一时期有大店法管制的限制,认为发展在于经营的中内功开始大力推进一体化经营。

表 1　大荣的发展历程

年度	开店数	销售额	销售额成长率	大学毕业生录用人数
1963年	5家	180亿日元		18人
1964年	5家	260亿日元	1.44%	36人
1965年	1家	320亿日元	1.23%	25人
1966年	3家	390亿日元	1.21%	28人
1967年	6家	510亿日元	1.30%	40人
1968年	4家	720亿日元	1.41%	100人
1969年	10家	910亿日元	1.26%	100人
1970年	14家	1430亿日元	1.57%	300人
1971年	13家	2070亿日元	1.44%	195人
1972年	15家	3050亿日元	1.47%	250人
1973年	21家	4760亿日元	1.56%	250人
1974年	7家	6390亿日元	1.34%	330人
1975年	11家	7060亿日元	1.10%	380人

[备注：出处为大荣史社编辑室(1992),《大荣集团——35年记录》(ATHINE)为基础]

在第一部中介绍过,中内功在1969年发表"流通元年",在20世纪70年代初期的几年间,每年开约15家GMS或SC。另外,中内功积极带领大荣完成连锁化所需的基础建设,同时积极策划垂直统合。大荣没有止步于PB、SB建设,还收购了家电厂商王冠,创立独立品牌"BUBU"。

在中内功的带领下变得坚如磐石的大荣开始采取积极的连锁扩大政策,以远超之前的发展速度继续快速出击,在1974年确保了日本零售业第一的地位。但是,另一方面,虽然整体影响不大,但中内功也付出了不小的代价。具体概括为两点。

中内功失去了助理。主管组织内部管理机能的人被称为助理或者助手。在本田,本田宗一郎有藤泽武夫;在松下电器,松下幸之助有高桥荒太郎:他们都是对外活动的领导者和支撑企业内部的管理者的绝佳组合。在以前船场(译者注:大阪西部的商业,金融城镇)的商家中,企业经营者会配备一个大掌柜,这是日本经营的智慧。

在某些情况下,大权在握的领导者管理组织时会变得专制。决策的速度变快,能够形成顽强的执行力。这是优点,也是缺点。

缺点在于如果领导的判断错误,或者领导的判断给组织内部带来严重的损害,也没有人会出来阻止。在领导的判断不能顺利进行的情况下,组织成员也依然依赖领导,全然没有自己的想法和判断。领导的权力越大,出现这种情况的风险就越大,因此助理的存在就显得很有意义了。

大荣自创业以来就是兄弟合作经营的。因此,自然而然地形成了哥哥是领导,弟弟是助理的关系。兄弟合作经营的模式毫不费力地形成了在大多数合作关系中一般很难形成的"信赖关系",这是大荣的幸运。但不知从何时起,两人开始失去默契,最后分道扬镳。最终不得不解除领导和助手这种无效的功能关系,也为此付出了不小的代价。

中内功在失去中内力专务后,马上请来他在第三神户中学的同学,也就是原来在川崎制铁工作的加古丰彦来担任大荣的内部管理职务,让他代替中内力专务发挥助理的重大职责。中内功的朋友,LIFE的创业者清水信次这样评价加古丰彦:"他曾经是川铁装置部部长,负责企划,后来被中内功挖走。加古丰彦担任大荣副社长时,牧原孝雄(译者注:原大荣副社长)担任专务。他们是中内功的左膀右臂。两人都英年早逝,实在令人惋惜。加古丰彦和牧原孝雄常对我们说'这个要对我爸爸保密啊'。经营企业时会有许多麻烦和压力,但是两人总是说'这是我们的责任',然后默默地处理问题。中内功对他们信任有加,将一些细节和需要善后的事情交给他们,从无埋怨,也没有检查或批评过他们做的任何事情。"他接着又说道二人都是中内功可以信赖的助理[28]，但不幸的是二人在完成使命之前就去世了。

后来，中内功聘用了曾担任雅马哈社长的河岛博以及味之素社长的鸟羽董任副社长，但他们最终都只任职了一段时间便辞职了。要找到能够保证长期担任助理一职的人才变得十分费力。

中内力专务退出的同时也带走了名为"组织的坚韧性（顽强）"的力量。虽然是看不见的力量，但是笔者认为这是组织长期发展所必需的。

像之前介绍的那样，中内功社长和中内力专务在流通革命中的追求是相反的。一个组织不能同时追求两个理想。但是，两种追求并存的组织在某些方面可以说是一个坚韧的组织。只有一个价值观的组织可能拥有强大的突破力或破坏力（影响），但是另一方面，这样的组织在应对环境变化上会表现得比较脆弱。

以政界为例，在自民党的历史中就出现过类似的现象。自民党（包括签署保守合同前的自由党和日本民主党）在第二次世界大战后不久到现在的很长一段时间里都掌握着政权。从吉田茂到安倍晋三，共 23 人先后担任首相。党内从中道左派到中道右派，有持有各种意见的人。他们根据各自的主张形成了各自的派别，每个派别都希望掌握政权。但是，在和其他党派争夺政权时，他们从来没有出卖过自己的政党。在这一意义上，自民党拥有"团结的多样性"。

假如鹰派的党派政策失败了的话,那么之前吃冷饭的鸠派就会开展支撑下一时期的政策。虽然一个政策失败了,但是政党整体并没有崩塌,另一个派别会继续掌握政权。自民党就是这样保住了执政党的地位。在现行的政策背后经常潜藏着一个潜在的政策,可以说这是自民党长期处于执政党地位的战略。

组织内部权力交替的原动力不只限于政界。只要是组织理论,那就是相通的。一个时期里只存在一个现行的主张,另一个对立的主张先潜藏起来,等待下一个机遇的到来。在众多的潜在主张中,虽然多数主张对组织来说可能都是没有作用的,甚至会带来一些不好的影响,但是从组织的长期发展来看,这种复杂的状态才是最好的。

中内力专务的离开,意味着大荣失去了长期以来的适应力,即组织的坚韧性。

另一个流通革命——本章的结语

中内功社长和中内力专务二人在组织运行方面一直存在分歧。在阅读了本章所介绍的一系列经过后,你会觉得最后谁留在大荣都很正常,大荣东西分割也很可能发生。人们总愿意做许多假设去幻想如果当初做了另一个选择会怎么样。

我们现在所称的"流通革命"的世界绝不是按照提前规定好的那样，机械般地出现的（也就是说，人的思想是独立的）。如果当时是中内力掌握主导权的话，再想到中内力当时的主张，大荣可能会成为超过伊藤洋加堂或者永旺的企业，即"慎重地开店"，"注重每家店铺的收益性"，"不进行垂直统合，坚守商人的本分"，还要"进行分权的联邦主义的经营"等状态。他所创造的世界应该会是在尽量维持和已有卖家、买家的双赢（以已有秩序为前提）中不断前进的。

和这样的构想相比时，我们就能看出中内功社长在现实中开辟世界的性格。中内功的世界是"不断积极地开店"，"跨越商人的框架向上游领域进行垂直统合（中内功的旗号是'没有工厂的厂商'）"，"构建完美的统一集权的经营体制"的世界。

我们可以洞察可能存在的另一个世界，即在理解了"可能的世界"之后，能够洞察在现实世界中我们得到的东西，反过来也可以了解在现实世界中我们失去的东西。

注释：

1 中内功自己说,写《我的贱卖哲学》的一个动机是昭和四十三年（1968年），当时的大荣处于分裂危机，因此想看看社会的趋向。中内功

（2007），《（新装版）我的贱卖哲学》（千藏书房）收录的"编辑后记"。

2 中内力（2004），《中内力自传选择——都出自相遇》（神户新闻综合出版社中心）p16。

3 同上 p17。

4 中内功（2000），《流通革命尚未终结——我的履历书》（日本经济新闻社）p62。

5 中内功社长和中内力专务因为中内功社长兼任上照职员一事发生了激烈的争执。上述，《中内力自传选择》p20-p22。对立之一和垂直统合与纯粹商人有关。

6 上述，《中内力自传选择》p26。

8 渥美俊一（2008），《21世纪的连锁超市》（实务教育出版）p150。

9 和渥美俊一一样，佐藤肇（1974），《日本流通机构》（有斐阁）强调进货的经济效益。在实际经营中显现出根据店铺市场总面积获得经济效益的连锁优势是在便利店业态确定之时。他在综合超市时期意识到了进货的经济效益。

10 上述，《中内力自传选择》p13。

11 三人分别是御厨贵（当时东京大学教授）、松岛茂（当时政法大学教授）、中村尚史（当时东京大学助教授）。

12 流通科学大学编（2006），《中内功回忆录》（学校法人中内学园流通科学大学）p212。

13 为了将矛盾最小化，要缩小经营的商品范围。无法在一家店中同时经营食品、服装和日用品杂货。因此，店铺的经营范围只能集中于食品或服装。

14 最近，在连锁经营中指出了"脱连锁化"的必要性。这一动向虽然是连锁的，但要避免统一。其实这也还是对中内功社长和中内力专务的论点的讨论。

15 上述,《中内力自传选择》p18-p19。
16 现在在流通论、商业论的教材中也有"商人存在依据论"。中内力和商业研究者风吕勉是神户商业大学的同期生,毕业时两人都获得了学术优秀奖。
17 关于渥美俊一的垂直统合论,请参照渥美俊一(2007)《流通革命的真实》(钻石社)。
18 矢作敏行(1987),《零售创新的源泉》(日本经济新闻社)p99。
19 上述,《日本流通机构》。
20 例如,目笃(2012),"泡沫经济崩塌后的大规模零售业公司再生的考察:以大荣的成长和再生过程中的经营活动为中心"《经济科学论究》VLO九(埼玉大学)p115-p130。特别是现在伊藤洋加堂也积极地销售"SEVENPREMIUM"等PB商品。在这种意义上,可以说伊藤洋加堂现在也转变为垂直统合派了。回顾该公司的历史,我们可以发现,不是要讨论出哪种方法正确,而是要根据情况决定分别使用这两种方法。
21 关于此处,详见上述《中内力自传选择》或佐野真一(1998)《天才》(日经BP社)。FUTAGI在1969年和冈田屋、SIRO合并成为"佳世客"。
22 1963年,大阪天神桥筋商业街衣料品店"SELF HATOYA"、千林商业街衣料品店"AKANOREN"(冈本商店)、批发店"ERUPISU"(大阪)和"YAMATO小林商店"(京都)四家店合并成为"Nichii"(后MYCAL)。
23 再次引用上述《零售创新的源泉》p84-p85。出处是西端行雄(1975)《零售联邦》(Diamond Dim社)。Nichii20周年纪念杂志《Nichii·服装文化的承担者》。
24 佳世客这一公司名是以冈田屋(三重县四日市市)、FUTAGI(兵库县路姬市)、SIRO(大阪府吹田市)三家公司合作共同进货时设立的"佳世客股份公司"为起点。名字是由Japan United Stores Company 的首字母构成。正是标榜"联邦经营"的公司名。

25 上述,《零售创新的源泉》p151。

26 关于伊藤雅俊没有进行共同进货或企业合作,而是致力于企业的内部成长一事请参照上述《零售创新的源泉》p74-p76。

27 中内功也在1982年标榜"奥兰治合众国"(译者注:中内功的一个经营策略),策划和地方超市合作。其背景是大荣自身具备了作为"没有工厂的厂家"的力量。请参照藤岛俊(1982),《奥兰治合众国:中内功的经济学》(同友馆)p148之后。

28 根据流通科学研究所调查笔记收录的"清水信次的采访(2009)"。

二 中内功和河岛博——浪漫主义者和实用主义者

时代渴望见证的经营规范的转变

第一部中讲到，20世纪80年代，大荣的业绩陷入了瓶颈。中内功请麦肯锡担任咨询顾问，但是情况并没有好转。在1983年（昭和五十八年）2月的合并结算中第一次出现了超过65亿日元的赤字。赤字的原因是被称为"P""C""B"的事业，即百货商店"PRINTEMPS"、音响机器"CROWN"、仓库超市（经营限定商品的仓库型超市）"BIG荣"。它们被看作罪魁祸首，人们都评价它们为"PCB污染"。正是这三个事业给大荣拖了后腿。

事实上，本来应该支撑这三个事业的大荣，其自身状态也不好。1982年2月的结算中，大荣有70%以上的店铺的业绩和去年相比都有所下降。1983年结算时，大荣各店铺的销售额急剧下降，收益大幅减少，无法再弥补子公司的赤字。[1] 中内功判断"大荣整体需要做手术"，并将这一任务全权交给了去年由他亲自雇用的河岛博。

河岛博辞任雅马哈社长后,在1982年以副社长的身份加入了大荣。为了能让河岛博在大荣毫无顾忌地大展身手,中内功特意为他安排了这个职务,由此可见他对河岛博寄予厚望。河岛博在大荣的时间虽然只有短短的三年,但他成了中内功的得力助手,在这段时间里一直全力以赴改善大荣的经营状态。

回过头看,当时的时代被称为"超市的严冬",歌颂经济高速发展的各综合超市企业的业绩都开始一蹶不振。大荣的宿敌伊藤洋加堂也和大荣一样,在1982年后,以创立了7-11的铃木敏文为中心,开始从源头重新思考零售经营的合理状态,正式推进"业务改革",即所谓的"业革"。[2]

河岛博和铃木敏文等虽然分别效力于中内功的大荣和伊藤雅俊的伊藤洋加堂,但两人经营公司的发展方向不谋而合。大荣和伊藤洋加堂是当时流通业公司的代表,它们从源头重新思考并转变之前的零售经营方式,它们同样相信后加入公司的经营者的经营能力,并委以重任,最后确定了未来流通业经营管理的理想状态。从这些事来看,笔者相信应该不止我一个人觉得这或许正是这个时代的方向。当我们意识到了这一时代的潮流后,就可以明确河岛博在大荣的功绩,以及他的行事作风。同时,我们还能看到中内功的经营管理方式。

铺垫有些长了，下面马上来看看背负着中内功期望的河岛博在大荣实现了什么，又将要改变什么呢？

雅马哈社长时期的河岛博

首先，简单地介绍一下河岛博（1930—2007）的履历。1930年（昭和五年），河岛博出生于静冈县滨松市，他的哥哥是继创始人本田宗一郎之后在汽车公司本田技研工业担任下一任社长的河岛喜好。

河岛博1951年于名古屋经济专门学校（现名古屋大学经济学部）毕业，随后进入日本乐器制造（后来的雅马哈）。1966年，36岁的河岛博担任董事，1974年担任专务，两年后继续连任。1976年，年仅46岁的河岛博成为雅马哈的第五任社长。[3]

1977—1980年担任雅马哈社长以来，他每年都创造出史上最高的利润。雅马哈1977年的年度结算中，年销售额达到7200亿日元，销售利润也达到了126亿日元。在河岛博担任社长的最后一年，即1980年的年度结算中，年销售额为3030亿日元，经营性净利润增加到160亿日元。尽管当时处在日元升值的波动期，1美元=260日元变为1美元=200日元。雅马哈仍然刷新了史上最高利润。

河岛博之所以能创造出这么好的业绩，是因为他采用了雅马哈之前从来没有使用过的经营管理手段。这一手段和想法在大荣同样发挥了威力，下面简单介绍一下其特征。这里主要参考了加藤仁《社长的椅子在哭泣》里的描述。

第一，河岛博在雅马哈的经营中导入了"中期计划"的概念。

首先要推敲组织所处的状况，由此确定企业前进的方向。接着讨论能够朝这一方向发展的路径和方法，确定日程表，团结组织的力量，一步一步向目标前进。这是现在大家都熟知的确立中期计划的方法，但是这在当时来说还很新颖。在雅马哈经营中能够出现"中期计划"，这本身在管理层当中就是很令人惊讶的事情。[4] 这不是企业领导一时兴起而开始的经营模式，而是希望实现以组织达成一致意见为基础的经营战略。

更像河岛博作风的一点是，虽然这是计划，但他不认为事情就已经确定下来了。比如说，中期计划是打算制订三年计划的目标，其重点在于制订一个三年计划，而不是三年后一定要实现的目标。通过确定目标来展开工作，重要的是展开工作这一步。[5] 三年计划的目标在工作进行的过程中有可能发生变化，经营绝不是在硬性的计划中进行的，必须要随机应变，一边不断修正计划路线，一边持续推进。他认为，计划的机动性很重要。

重视计划推进的过程，在计划推进的过程中加入许多中间评价点，即河岛博所说的"顿号"的使用。比如，下面这个项目就利用了"顿号"确定了许多审核内容。[6]

1. 经营的各个系数（销售额、原价率、经费、债务偿还、经常性净利润、成本等）；

2. 商品以及商品号的构成（开发商品机种、每个商品号的实际效果、和当初计划的差异分析等）；

3. 人员（技术技能、销售、事务、管理）；

4. 收益改善对策和效果（在合理化等各部门，个别收益改善目标下推进的对策和效果、和当初计划的差异分析）；

5. 其他部门和关联事项（对其他部门的请求事项、问题点等）。

在计划进行过程中，使用这些顿号来检查计划进行的情况，根据计划实现的结果机动地变更计划。这就是河岛博的"计划论"。

第二，是将各要素"因式分解"后再逐个解析，强调要确立全方位的综合计划。这样即使计划最终失败了，也能在这个过程中学习到知识，培养人才，甚至还能提高集团整体的能力。

那么，什么是"因式分解"呢？比如，"为提高销售额而延长营业时间"的计划方案。关于这一方案，首先应该考虑以下要素：延长的时间能增加多少销售额？能够增加多少经费？白天的销售额会因此减少吗？有没有足够的员工储备？

但是，要考虑的往往不只这些，还有营业时间延长了，员工的态度会有什么变化，组织对此会采取什么态度，周边的商业街会有什么反应，加盟的租户对于延长营业时间的配合程度等。另外，还有夜晚的治安管理和物流能否供应的问题。由于长时间营业，大家对店铺和企业的印象会有什么变化，以及对手店铺会有什么反应等。[7]

像这样把计划方案"因式分解"，分别研究各个要素，再作为整体方案来掌握。对于每一个要素，要分析其趋势，即在推进计划时确认其重要度、优先顺序有没有错误。

"因式分解之后如果没有出错的话，就相当于解决了一半问题了。"[8]

第三，河岛博认为"精通'人和工作的构成（译者注：有机的构成）'"很重要。也就是要先想好工作的结构，然后思考人进入该结构中后会形成一个怎样的组织，会激发出什么。[9] 河岛博经常说的不是"I do"，也不是"We do"，而是"Let them do"。[10]

长期担任中内功秘书的宫岛和美（现 FANCL 社长）后来在整理各个成员在河岛博一系列企划中交换过的文件时，对河岛博提交的文件居然如此之少而感到很惊讶。河岛博只提交了一份人事文件，她觉得很不可思议，便去问河岛博，河岛博回答说："工作都交代好了，我的工作就做完了。"确定工作任务，选择合适的人员，然后将工作交给他们，这就是河岛博的经营管理手段。[11]

总而言之，河岛博的经营管理手段就是在事前确认"要素有没有偏颇""所有的要素是否有机地联系在一起"，不要有漏洞，确认推进的"重要程度、优先顺序没有出错"。[12] 最后，确定应该做的事，交予合适的人。至此，他的计划任务就完成了。[13]

大荣"V型复苏"中的河岛博

河岛博创造了雅马哈史上最高的业绩，由于和该公司会长川上源一的方针不同，他在1980年6月辞去了社长一职。河岛博拒绝回应关于此事的经过，也不愿透露他的看法。1982年6月，他最终接受了中内功的邀请，到大荣担任副社长。

有不少公司想聘请河岛博去经营和管理，我们无从知道大荣是不是最适合他的去处。之所以这么说，是因为对河岛博来说，他对零售行业的工作还不熟悉，而且通过人事选拔出来的员工大多数还在职，[14] 还有许多从创业时期就追随中内功的年轻董事。在这种情况下，旁系的河岛博能否达到大家的期许呢？

河岛博自己似乎也曾犹豫过，不过最终还是选择了大荣。

加藤仁在书中列举了一些河岛博最终决定选择大荣的理由,包括中内功对零售业的探索和想象、"顾客至上"的经营态度以及充满人情味的大荣。

中内功后来在《流通革命尚未终结》中这样描述当时的情况:

大荣集团整体有必要做个手术了,我将这个任务全面交给去年聘请的河岛博。他之前曾以雅马哈社长的身份活跃于商界,有海外销售的经验,并且对娱乐相关行业、音响机器了如指掌。我相信他的实力,并亲自说服他加入我们。他入社的时候,我曾听他说过喜欢开车兜风。关于兴趣的话题,我们只聊过那一次。当时,公司的管理层中有许多"埋头苦干"型的员工,河岛博作为对数字很敏感且能理性思考的美国型管理者,在公司大放异彩。[15]

中内功是被公认的"工作狂",在他眼中河岛博才是"工作狂",可想而知,这种人工作起来得多么拼命啊!大家都说河岛博聚精会神、拼尽全力地完成中内功期待的工作。

中内功在《流通革命尚未终结》中特意提到了他与河岛博的第一次相遇,由此能看出他对河岛博的期待有多么大。在迎来河岛博这第 26 位董事之际,大荣实行了大胆的人事规划。中内功自己兼任社长和会长,两名副社长变为副会长,5 名专务升为副社长,河岛博担任第 6 位副社长。[16] 中内功为他打造了一个可以大展身手的舞台。[17]

【商品事业统括总部的"三·四·五作战"】

河岛博担任的职位是"商品事业统管部部长"。中内功在记者见面会上对他说"希望商品经营方面能有所加强。"这一工作任务主要是开发商品,并向大荣主体和集团各分公司提供新开发商品。这也是中内功最先要做的事情。

他每周在商品事业统管部都要举办被称为"Big day meeting"的会议,让河岛博做议长,和四名总部长以及管理人员一起讨论。河岛博认为,大荣收益下降有三个原因:

"在库商品"增加。零售业最怕断货,对这点过度的担忧导致库存猛增。大荣卖场的商品堆积如山,给顾客一种十分丰富的感觉。但是,这样做意味着增加大量的库存。第二,"商品浪费率"上升。遇到小偷、商品受损报废、发票错误等情况,销售额中的损失金额增加。第三,"价格变更率"增加。没卖完的商品打折促销成了常态,使得毛利有所下降。大西良雄是这样评价的:

为达到要求的销售目标,库存商品几乎要塞满仓库和挂满卖场衣架,等待着销售时机。卖不完的在库商品只能不断降价促销,总之要最终达到目标销售额。但即使这样,在库商品也卖不完。在苦恼如何处理这些滞销商品时,下一个季节已经来了,那些商品就都没能及时换季。[18]

在以前，大荣的注意力都集中在提高销售额上，忽略了毛利这个方面。大荣一直以业界最高的销售额为自豪，但其收益和伊藤洋加堂相比却有很大差距，这并非没有原因[19]。

大荣的销售方法必须与其组织体制一起转变，于是就有了"三·四·五作战"，也就是以将在库商品减少三成，浪费率下降四成，价格变更率减少五成为目标的作战。为了适应组织文化，大荣设计和使用了富有韵律、简单易懂的标语作为口号。

本来是想要通过减少库存使毛利上升，但反而产生了因缺货导致错失销售机会的风险。大荣必须尽力规避这一风险。为此，必须缩短从订货到交货的时间，减小订货单位，提高交货频率和商品周转率[20]。河岛博等人大力引入这一"多频率、小批量、高精度"的体系。从之前身经百战的"埋头苦干"式的经营转换到"体系"化经营。

表 2 大荣经营的主要指标

	商品周转率	毛利率	交叉比率
1982年	12.3%	24.3%	287.8%
1983年	12.5%	24.3%	303.8%
1984年	14.9%	25.4%	378.5%
1985年	17.3%	25.9%	448.1%

[译者注：【出处】大西良雄（1986），《惊人的大荣》（幸书房）p99]

这一方案从 1983 年 3 月起开始实行。1982—1984 年，在库商品的价格总额从 920 亿日元降到 626 亿日元，情况得到了很大的改善,售价变更率也降低了 43%。"商品周转率""毛利率"、在库投资效率的"交叉比率"也有了很大的改善[21]。1982—1985 年，在大荣零售部门中，商品周转率从 12.3% 上升到 17.3%，毛利率从 24.3% 增加到 25.9%，交叉比率也从 287.8% 上升到了 448.1%。1982—1985 年，大荣经营的主要指标的变化如表 2 所示。

短短三年时间改变就如此明显。当时，伊藤洋加堂在交叉比率上明显高于其他公司，其在 1985 年的交叉比率是 565%，而大荣的交叉比率增长到 448.1%，可以明显看到大荣的追赶趋势[22]。此时大荣的经营体系已经十分干练了。

【结构调整】

河岛博开始了"多频率、小批量、高精度"的"体系经营"，并在 1983 年（昭和五十八年）2 月从商品事业统管部长换岗到多样化事业统管部担任部长。当时大荣的业绩变得更加紧张了。

1982 年 11 月，包括大荣 153 家子公司在内的合并结算出现了上市以来第一次经常性净利润赤字，赤字额为 65.2 万亿元。大荣个体的销售额从 10200 亿日元到 11300 亿日元增长了 10%，但利润从 437 亿日元到 379 亿日元减少了 15%。[23] 70%

以上的店铺的销售额都不如去年。多样化的关联子公司经营明显不振，大家也都能看出支撑子公司的主心骨大荣主体的收益能力也有所下滑。

河岛博在这时正式开始合并多样化的子公司。为此，他在得到中内功的允许后，建立了大荣再生委员会。针对这一委员会，中内功只提出了一个条件，就是希望大家不要排挤年轻的董事，这就是充满人情味的中内功。对此，河岛博也更加积极地提拔人才，给予他们机会，让他们积累经验。他甚至设立了副总部长、副室长来提拔人才。[24]

一些年轻董事也成为委员会成员，他们是1963年入社的大学毕业一期生。这些大学毕业的年轻人（一期生到三期生）对中内功提倡的"流通革命"产生共鸣，进入公司，终于也到了晋升董事的年龄。中内功对他们寄予厚望，河岛博对此也没有异议。他们中有铃木达郎（总务人事室副室长）、藤本敬三（管理统括室副室长）、隐田毅（低价作战推进部长）、川一男（食品线事业部长）、奥古诚一（营业企划部长）、楠井义基（多样化事业统管部主席）、高木邦夫（业务室副室长）和中内功的长子中内润（丸兴常务）。

1983年11月，为了重振大荣，成立了战略筹划机关"咨询委员会"。每周都举行会议，会议的课题主要是分析"收益疲软的原因"。1984年5月,"咨询委员会"变更为"机构三年改革实行委员会",简称"实行委员会",决定改革子公司的经营模式。在同年2月期的合并结算中,经营情况更加恶劣,赤字达到118.87万日元,相当于上次的近两倍。"实行委员会"中加入了"咨询委员会"的成员,并且新增加了5名成员,分别是松冈康雄(多样化事业统括总部长)、荒木进(财务经理室副室长)、平山敞(近畿总部长)、小滨裕正(关东事业总部长)、关口乔(FC·协作店服务总部长)。不管是"咨询委员会"还是"实行委员会",中内功都没有作为正式成员加入其中,更不是会长。这是因为他觉得如果自己加入的话,会议期间大家都很难进行自由的讨论。没有中内功的大荣高层的经营会议是自大荣创立以来的首创。会议采取的方法是会员们集中讨论,将结果逐一报告给中内功,最后由中内功做决定。[25]

结构调整的工作从子公司的实态调查开始。虽然公司合并了,但是每家子公司的会计基准都不同,盘货等结算的处理方法也千差万别。因此,河岛博等人一边统一各公司的会计基准等,一边改革。在大荣合并的子公司中,完全合并的有40家,部分合并的有100家,同时还存在连实行委员会成员都不知道的非合并子公司,加起来总数超过200家。[26]

几乎所有的子公司都没有业绩恢复的趋势,对此河岛博等人探讨是关闭这些子公司,还是统合合并这些子公司。他们处理的案件超过300件。中内功对此的态度是将这些案件完全交给河岛博等人来处理,几乎所有立案都没有异议,原样通过。对中内功来说,从自己辛勤创建的事业中抽身应该很难受,但是他尊重自己一手培养的以河岛博为核心的部下们的判断。立案的300多件重建案大概可以分为两个类型:一是"内科治疗";二是"外科手术"。后者还可以分为以下几种:

1. 由母公司直接负责,可以以呆账的形式偿还、清算贷款或债务的子公司(比如百货店"PRINTEMPS"、仓库型超市"big荣")。

2. 增加资本,还清借款,减少利息负担的子公司(比如"PRINTEMPS银座"、大荣国际大酒店)。

3. 由母公司吸收,企划经营重建的子公司(比如打折商店"D-mart"的西葛西、海老名二店,"PRINTEMPS"三宫、难波、新札幌三店,津田沼大荣)。

4. 重新编组子公司伙伴,在过程中进行事业合并或停止的子公司(比如丸兴和朝日信贷,第一建设和龟野开发,餐厅"BIG BOY"和"Captain Cook")。

大荣放弃的债权额有"PRINTEMPS"的310亿日元、"big

荣"的85亿日元,加上之前放弃的家电厂商"王冠"的62亿日元,仅这三家就达到了457亿日元。在放弃几家店铺的土地和大楼后,大荣在1984—1986年三年间的资产销售收益就达到了484亿日元。

"实行委员会"只存在了8个月的时间(1984年5—12月),却取得了丰硕的成果。在大西良雄的书中有一段介绍了大荣主要银行东海银行融资负责人的话:"说实话,这样的成绩是完全没有想到的。实行委员会证明了大荣这个庞大的组织是一个富有实力且灵活的年轻组织。"[27]

【SBU体制的确立】

关于"内科治疗",同样采取了重要的对策,构筑了战略性商务单元体制"SBU(Strategic Business Unit)体制"。比如,在大阪地区,大荣主体店铺有25家,其他店铺有8家,关联公司有6家,如果将这些店铺按照纵向关系安排的话,它们之间的商业活动就会分散。为避免这种情况,大荣采用根据地区、业态分类的战略性商务单元,一边思考最适合单元整体的方式,一边调整经营方式。这些在之前都已经介绍过了。

大荣运用这一对策,最后设立了近畿、关东等8个地区总部,食品、软件、硬件3个商品总部,形成了超市、打折店、直营销售等4个零售业态,房地产、金融、服务、快餐、酒店

5个多样化业态,还设立了6个后方支援总部,一共26个事业总部。各SBU下都分配了200个关联公司,SBU长负责包括子公司在内的所有经营责任。[28]

例如,软件总部的SBU长营田敏主要负责所有服装商品的开发和进货,旗下还有服装专卖子公司LOBERUTO(译者注:主要经营男士服装)、LOBERIA(译者注:主要经营女士服装)、Joseph·Magnin(译者注:主要经营裙装)、青山、Joint(译者注:主要经营牛仔、休闲服)、PURENATAARU(译者注:主要经营母婴服装),以及杂货相关的子公司KORUDOBA(译者注:主要经营鞋子)、US果汁、DinaDina、大中等共计13家相关公司。

这些责任人也成为实行委员会的成员。河岛博将实行委员会更名为"经营会议",从此成为集团经营者的根据地。

他要求SBU长报告各自的经营进度和成果,不能只汇报预算和实际成绩那么简单,而是要做一个完整的报告,报告要根据正轨事业部会计的严密计划和实际成果数字,涵盖损益、借款、资金三方面内容。1987年9月,中内功担任会长和河岛博一起听SBU长们的报告。

【四个扇形视角的尝试】

河岛博提出了"四个扇形视角",以此来替换麦肯锡曾提出但最后没有实现的"四兆日元视角"。"四个扇形视角"确定零售60%、金融15%、服务15%、房地产10%的销售额构成比例，在中内功提倡的"顾客至上"的口号下，确定各自的根基，期待稳定的发展。

然而，这个尝试并没有顺利地进行下去。河岛博离开了大荣，投身到RICCAR的再建中去。之后，实行委员会成员相继被调任，藤本敬三调到大荣金融，高木邦夫调至Recruit，楠井义基去了The Maruetsu，平山敞到Uneed了。[29] 1989年（平成元年），河岛博就任大荣副社长，直到1997年辞任。2001年，中内功从大荣退休时推荐河岛博担任下一任经营者。[30] 中内功对河岛博的信任终生都没有改变。

"依靠组织的组织经营"和"理念经营"

我们了解了河岛博的经营者理论以及他作为经营者在大荣时的工作。虽然只有三年的时间，但是在中内功的完全信任下，他引入"多频率、小批量、高精度"的手段，对集团企业进行合并或关闭，构筑SBU体制，接连提出对策。不只是中内功，他的许多部下都很认同他。我们再来整理一下他的经营手段。

【依靠组织的组织经营】

其经营手段就是"组织的经营",也就是"依靠组织,为了组织"的经营,即导入"中期计划",强调"因式分解"的方法和态度,规划"人和组织的有机统一",以组织的经营为目标的经营方式。坚持这一方式能够使组织稳定下来。这个方法绝非出众,是很多组织都会使用到的经营手段,但其中隐藏着河岛博的经营智慧,那就是寻求计划和时间融合的态度。

计划不是金科玉律,不过是为了实践而确定的目标或是框架而已。要重视从计划到实施的过程,即 PDCA。计划并非一成不变,河岛博强调计划要有"随机应变"的特点。他把计划和实践完全分开,强调和计划优先的方式划清界限。

尊重"现场思考"。河岛博要求即使是在制订计划的阶段也要有自己的思考。他常常说:"不要参考书店里摆放着的商务书籍来制订每个月的计划,要自己去想。"他的思想和用指南手册管理现场的经营手法对立。[31]

制订完计划不代表结束,要考虑实践能不能按照制订的计划实施。适合计划的组织建设,适合组织的人员配置,到活动伙伴的关系都要全面而深入地考虑到。

在了解河岛博的经营手段的时候,我发现了他和咨询公司麦肯锡的关系很有趣,所以想在这里讲几句题外话。麦肯锡和河岛博是同一时期的人,他分别做过雅马哈和大荣的顾问。在河岛博辞任雅马哈社长后的1987年（昭和六十二年），他便到雅马哈开始担任顾问，提出过"世纪规划"，但后来失败了。1992年（平成四年）春天，雅马哈会长川上源一说"我们公司业绩下滑的元凶的就是麦肯锡。"

在河岛博进入大荣前，麦肯锡担任大荣的顾问时，就提出过类似"四兆日元视角"的方案。1980年后的五年间，以大荣主体的两兆日元，相关公司及新兴企业的两兆日元，总计四兆日元为目标制订计划。但这一计划最终也没有实现。

我不认为麦肯锡的计划本身有问题。不过，同样是制订计划，麦肯锡的方式和河岛博的方式有一个明显的区别。

我觉得河岛博采用的构筑中期计划、因式分解的经营手法本身和麦肯锡的方法没有太大的差别。麦肯锡那样的咨询公司当然也会制订中期计划，计划中当然也会有为了推进计划的各种要素。

不同的地方就在于对"人和组织有机统一"的重视度，"在实践中融合计划"的方法和诀窍，以及对"现场思考"的倚重。也就是说，制订的计划有没有注意到将计划本身和实践融合一事。这才是掌握实施计划的每个成员的能力，量才使用，排除不合理的政治性考量的方法。咨询公司因为职务的关系很难深入到组织内部。因此，也就很难将计划和实践融合。另外，河岛博的经营理论的要领是"依靠组织"的经营,是"为了组织"培养人才的经营。这也正是中内功对河岛博的期待。

【中内功浪漫主义的经营方式】

最后,以河岛博为镜来思考一下中内功的经营模式。相信读过本书第一部中内功的大荣经营的读者应该能够感受到中内功的经营方式和河岛博有很大不同。正因如此,中内功在这三年里才决定将大荣的经营全权交给河岛博。[32]

两人经营方式的对比如表3所示。

如果将河岛博的经营方式起名为"实用主义的经营(实践主导的经营)",确实可以说是名副其实。[33]

河岛博的经营方式没有将计划和实践分开,并且严格地推进实施,禁止一切无关紧要的公司内部人事关系的介入,如看人脸色、拍马屁等。也就是说,是否有助于实现目的对他的经营管理来说才是最重要的。那么,他将自己放在"技术人员"的位置上也是理所当然的了。

那么,中内功的经营模式又是怎样的呢?和河岛博相比,他是"浪漫主义的经营模式(理念主导的经营)"。他能将组织引领到河岛博的方式无法企及的高度。在"V型复苏"时期和河岛博一起共事的小滨裕正在实行委员会上这样说：

表3　中内功和河岛博的经营方式

	中内功的经营方式	河岛博的经营方式
理念和实践	·浪漫主义（理念主导） ·理念、目的、计划先行（"流通革命""价格减半构想"）	·实用主义（实践主导） ·计划和实践相融合（计划、目的本身在实践中不断变化） ·用目的的有效性判断事物
过程	·被爆发的能量诱发 ·产生时代的浪潮	·通过PDCA稳步接近目标 ·一边预测未来，一边做准备
组织	·整齐的军团 ·指导手册	·人和组织的有机统一 ·思考的现场

"社长说完'就这么干''就这样'之后便会勇往直前，大家也都完全信任他，跟着他一起前进。前进的过程中，一旦社长觉得'还是应该往这边'，要转变方向，大家就会马上跟着转变方向。这就是大荣厉害的地方。也正是因为如此，大荣才能撑过昭和四十年（1965年）的不景气和后来的石油危机。"[34] 如果没有销售额至上主义、总部主导制和中内功的天才领导，大荣迅速发展的目标就无法实现。

确实，经营有时必须要有超出科学和理论的能力。大荣发挥了这一能力，得到了迅速的发展[35]。然而，寻常规模不大的公司是没有能力一年开10家或20家店的。组织拧成一股绳才能发挥出意想不到的力量，正如小滨裕正所说，这都依靠中内功天才的领导能力。

中内功浪漫主义的领导能力背后有着怎样的浪漫呢?

在商业经营上,中内功一生都没有改变其"好货越来越便宜"的口号,不断向员工传达着"顾客至上"的精神。在这背后,其实是他希望"谁都能够以便宜的价格买到所需的商品",对世界有着"普通人也能平常地站在社会中心"的期待。也就是说,他希望能打造一个人人都可以参与的社会,这个理想是他天才领导能力的支点。我认为,这就是中内功"对民主主义的想法"。消费主权、自由竞争、公平交易……中内功提出的这些主张,都符合"民主主义"。[36]

"民主主义"思想主导的运动成为一个"旋涡",将许多人卷了进去。想要和中内功一起开拓新时代的人聚集到大荣,不只有高中或大学毕业的年轻人,还有很多感受到这股精神的人纷纷跳槽到大荣。大荣精神虽然受到了重视旧秩序的市民们的强烈反抗,但是也得到了反对限制人们自由的"无意义的社会差别""秩序"的年轻市民、消费者、运动家的压倒性支持。这些内外力量重叠,使得大荣成为日本第一零售企业。

中内大荣产生的旋涡没有就此停止。中内功将业界各家容易分散的公司的力量集中到连锁超市协会,向社会和政府咨询对这一行业的看法和认识。中内功自己担任经团联副会长这一要职，打破仍然存在的"士农工商的文化壁垒（这就是没有意义的社会差别）"。在教育方面中内功改变立场，主张自由教育。在那个时代，中内功希求"民主主义"的经营理念拥有了在短时间内引起"旋涡"的力量。

注释：

1 1981年度430亿日元的营业利润在1982年度变为380亿日元，净利润从98亿日元降到62亿日元。对比12300亿日元的销售额来看，利润率极低。

2 原本伊藤洋加堂的盈利能力在伊藤雅俊的带领下，压倒性地领先于业界其他公司。即使是这样的伊藤洋加堂，在进入20世纪80年代后业绩也开始下滑。于是，伊藤社长提出"暴风雨准备对策"，在1981年1月设置"业务改革"前身的"业务改善委员会"。

3 河岛博在雅马哈时期的活动详见加藤仁（2006）《社长的椅子在哭泣》（讲谈社）。首创雅马哈音乐教室，确立在美国子公司的雅马哈品牌等，有很多惹人注目的业绩。

4 同上 p259。

5 同上 p260。

6 同上 p272—p273。

7 同上 p400—p401。

8 作者也阐述过这种经营管理手法："事先预想要发生的事"然后"做好准备"，也就是"未雨绸缪"的经营管理手法。请参考石井淳藏（2012）《市场营销思考的可能性》（岩波书店）。

9 上述《社长的椅子在哭泣》p406。

10 同上 p135—p137。

11 根据"对宫岛和美的采访"（2016年2月19日采访，采访者是作者）。

12 上述,《社长的椅子在哭泣》p406。

13 在大荣，长期担任河岛博秘书的中间德子说"可能因为是厂家的构思，所以每件事情都很严谨细致。"根据"对中间德子的采访"（2015年9月24日，采访者是作者）。

14 当时，除去中内功，24名董事中有20名都是创业元老。出身分别是政府机关、厂商、杂志社新闻社等。

15 中内功（2000），《流通革命尚未终结——我的履历书》（日本经济新闻社）p101。

16 上述,《社长的椅子在哭泣》p370。

17 关于这时两人的关系，详见佐野贞一（1998）《天才》（日经BP社）、大塚英树（2007）《流通王》（讲谈社）。

18 大西良雄（1986），《惊人的大荣》（幸书房）p68。

19 在1980年度的结算中，大荣的销售额是10250亿日元，营业利润额是348亿日元，当期纯利润是90亿日元。另一方面，伊藤洋加堂的销售额是5700亿日元，不到大荣的一半，但营业利润额是241亿日元，当期纯利润是107亿日元，这都超过了大荣。因此两家企业收益效率存在很大差别。

20 请参考石井淳藏（2012）《经营营业》（岩波现代文库）第6章。

21 大西良雄（1986），《惊人的大荣》p99。商品周转率=销售额/在库金额、毛利率=价差/售价、交叉比率=商品周转率×毛利率。

22 伊藤洋加堂的交叉比率在后来更加完善，1993年增加到900，而大荣停留在600。

23 大西良雄（1986），《惊人的大荣》p29。

24 同上p151—p152。

25 关于这时期中内功复杂的心情在《流通王》中曾写到。

26 大西良雄(1986),《惊人的大荣》p145—p146。

27 同上p150。1981年36亿日元的经常性净利润,在1982年损失增长为-65亿日元,1983年为-118亿日元。但是1984年缩小到-88亿日元,1985年就变为盈利10亿日元,第二年1986年就恢复到26亿日元。

28 同上p145。

29 上述,《社长的椅子在哭泣》p413。河岛博负责RICCAR重建工作,1987年担任社长。当时RICCAR债务达536亿日元,并且工厂全部变卖,处于很难寻到发展资源的状态,在这种状况下,河岛博用了五年时间就全部还清了债务。1993年销售额达350亿日元,经常性净利润达1亿日元。变身为占邮购销售额三分之二,上门销售三分之一的流通企业。

30 上述"对官岛和美的采访"。

31 顺便说一下,渥美俊一在(2008)《21世纪的连锁超市》、(2012)《新版商业经营的精神和技术》(商业界)中强调连锁商店改革中指南的意义。概括而言,所谓指南就是工作的指示书,表明应该做的工作的具体内容。为了产生相同的结果记下工作顺序。

32 在这一点上,中内功的胸怀是十分正直了不起的。河岛博也知道自己是以座上宾的身份帮忙经营公司,在事前、事中、事后都会向中内功报告。两人的关系让我想起司马辽太郎在《高坡上的云》中描写的日俄战争满洲会战中满洲总司令官大山严和总参谋长儿玉源太郎的关系。

33 关于实用主义、实用主义者的议论,石井淳藏(2014),《靠近的力量》(硕学社)举了福泽谕吉的例子,请参考。

34 田原总一郎(1989),《企业复苏的那天》(PHP 文库)p129。
35 能说希望中内功的领导能力能够完全发挥吗?根据上述《天才》p424—p427,在大荣研究中心(大荣大学),实施军队式的严肃训练。
36 中内功的这一思想和战后思想相同。自传《我的贱卖哲学》收录到伊东光晴、长幸男编(1971),《战后日本思想体系8》(筑摩书房)中不是没有道理。

第三部　剖析人物形象

赶超时代的革命人的余像和震撼心灵的话语

一　流通革命家的灵魂

与思想壁垒的对峙

在第一部和第二部中,我们回顾了中内功波澜壮阔的一生。第三部将聚焦中内功人生轨迹的三个方面,分别谈谈我对革命家中内功、经营者中内功、思想家中内功的印象。在各章中还附上了必要的阅读文献,帮助大家更好地了解中内功的人物形象,以这样的行文结构为本书画上句号。

首先,革命家中内功的特点尤为突出。我认为有以下三点:

流通革命的先导者中内功标榜没有工厂的"无工厂企业"。他认为"无工厂企业"不属于"商人",也不是"零售业者",也不能说是"厂商"。"无工厂企业"不属于以前任何常识范畴,是一种新的存在。通过标榜"无工厂企业",中内功将其和已有的厂商、批发商以及零售业者划清界限。从厂商到批发商,再到零售业者,中内功在某种意义上是把所有已有的流通势力都当成对手,毫无妥协的想法。

中内功亲自说明了革新的流通理论。昭和三十年代（1955—1965年），在日本流通革命时期，中内功作为一名企业家站在了革命的前列。一些先进的研究者一边追随着中内功，一边探讨"流通革命论"。一般来说，有这些学者们的支持，企业家应该觉得感激。但是中内功并不这么想，他反过来用更适合实践的理论来反驳他们的结论。在流通革命的理论上也没有对研究者们妥协。

革命家中内功继续挑战存在于日本社会的"生产至上"思想，甚至也向"1940年体制"这一时代大背景发起挑战。中内功最亲密的伙伴是消费者。以建设依靠消费者自主判断的市场、社会为目标，坚决抗争到底，和已经成为共识的"1940年体制"的思想壁垒对峙。

中内功对流通乃至社会革命的这种无尽的思考是从哪里产生的呢？为了了解这一点，这里引用中内功生前最后的一部著作《流通革命尚未终结：我的履历书》（日本经济新闻社）中的后记"《野火》现在仍在燃烧"。该书回顾了中内功将自己奉献给流通革命的人生，并说明这样的斗争永不终结，因此在这部书的结尾处写了这篇文章。

该文章以"每年的8月15日，我都会条件反射一般，从书架上拿出大冈升平写的小说《野火》"为开头。小说《野火》以一位精神失常的复员士兵的手记形式展开，以第二次世界大战末期莱特岛为背景，以在饥饿极限时人们互相残杀为主题描写了战场上逃兵的形象。

看到《流通革命尚未终结》这样的构成后，我们就能明白中内功在菲律宾战场的悲惨经历以及在第二次世界大战后他对流通革命(以及社会·教育革命)的向往是难以分开、紧密相关的。通过这篇文章，我们能够窥见旁人都难以了解到的心系革命的中内功的思想源泉。

文献

《野火》现在仍在燃烧

中内功

每年的 8 月 15 日，我都会条件反射一般，从书架上拿出大冈升平写的小说《野火》。

这本只有 183 页厚的书中浓缩了三年零八个月的太平洋战争。

在空无一人的办公室中和这本书对话，只有空调的声音轻微作响。和当时我作为一名残兵，在菲律宾的山中四处躲避敌人时听到的不知从何而来的声音很像，这已经是很久远的记忆了。这种瘆人的恐惧就好像是要迎战看不见的敌人，不禁让人瑟瑟发抖。

翻开书，分队长对身患肺病的部下的激烈言语冲击着我，仿佛让我重新回到悲惨的菲律宾战场。

"你傻吗？让你回去就回去吗？"

"说了没有回去的地方，没看到我们也在尽力吗？你走的话，医院也能帮着做点什么。中队没工夫养你这种病痨子。"

"如果怎么都不能让你进去的话，你就去死吧。不能让你白领手榴弹吧。现在你不过是一个佣工而已。"

"……"

我仿佛也产生了自己被分队长宣布死亡的错觉。连生死都不能自己决定的主人公一直都是被动的。这就是这个战争的缩影，士兵不需要有自己的想法。只要有一张一钱五厘的军令状，要多少士兵就能调来多少，正如《军人敕谕》中说的"命轻于鸿毛"。

突击敌军时受伤的我的情况和这位得肺病的主人公十分相似。连地瓜叶都吃不到，寄生虫、蚯蚓、蛭……能吃的都吃，在饥饿充斥的战场上，不能自己寻找食物的"伤兵"不过是个累赘。

虽然我要感谢在我负伤时用担架带着我逃跑的战友，但是我仍旧会因为自己不知何时就会被抛弃而战栗不安。一边相信战友，一边也在怀疑战友。处在"信任他人和不信任他人的矛盾"中，我一直都没敢合眼。如黑夜一般的记忆在我脑海中浮现。

小说里的这位主人公一定和我是一样的心情。追赶部队,被医院抛弃,在山中彷徨不安。这时,去路边燃烧起一把野火。

主人公自言自语道:

"在我看来,比岛(菲律宾)人的观念和野火相关。秋天燃烧粮食秸秆的火,助长了烧草的火,或者是向远方的同伙通知我们这些日本兵存在的狼烟。对于脱离了部队的孤独的我来说,看到了野火就看到了在烟下的比岛人,它们可以说是因果关系。"作为一名伤兵,作为一名下士官,我对主人公的心情感同身受。

我和职业军人不同,我讨厌打仗。我拼命忍住这个想法,应召成为一名现役兵,成为军曹看到了野火。如果能走到野火周围就能看到人。人令我怀恋,在他们周围有水,有事物,有人过的生活。

我要水!要食物!要好好睡一觉!

我想去过人过的日子。但是,一旦到了那里,不管是我还是小说主人公,作为残兵败将都会被当地居民通报,然后被美军杀死。

心里明明想去想得不行,但是一想到会被杀死,便打消这个念想了,双脚也突然迈不开步子。

"喂,怎么不动了?"即便问自己的双脚也得不到答案。

亚热带地区的菲律宾看似和平,但人们被分成敌军和友军,充满了杀戮,每个人是受害者,也是加害者。

我在复杂的心境下看到了野火复杂的景象。那里有日常,也有非常……

那之后的55年,我心中的野火一直在燃烧。从昭和到平成,战争渐渐被忘却,被风化。但是,野火就好像心一样,一直在燃烧。和大冈升平写的《野火》一样,相同的野火也仍在燃烧。

从战场回来后,我见过大冈升平。我们一起吃了饭,但是他全然不提过去的事情。不过,他留下了《野火》。有很多书都从我的记忆中慢慢消失了,只有这本书深深地扎根在我心里。我觉得我有义务把他在小说中对悲惨战争的看法结合战争时我的亲身经历一并告诉大家。

现在的年轻人出生在民主、自由的国家,有电视、冰箱、空调、汽车,什么都有,唯独没有战争。

就在几十年前,很多年轻人不能因为自己不愿意就拒绝奔赴战场。思乡的心情还在心里流淌,人已战死他乡。很多人因为不分敌我的战略轰炸而失去生命。

有的国家把战败说成战争结束。

有些大人不断隐藏那种疯狂和失败之感。

年轻人知道这些吗?他们是拼命想要知道还是装作看不见?

如果问8月15日是什么日子,大家都是如何回答的?他们回答说:"盂兰盆节吧?是吧,叔叔?"

我绝不会忘记8月15日。历史就是关于轮回的教科书。告诉大家发生了什么是我应该做的,而了解发生了什么是年轻人的工作。

日本自明治以来,在"富国强兵,殖产兴业"口号的指引下,模仿欧美发达国家,寻求资源,采取了对亚洲周边各国的殖民化政策。明治二十七年(1894年)甲午中日战争以来,先后发起了日俄战争(1904年)、"九一八事变"(1931年)、日本侵华战争(1937年)、太平洋战争(1941年),于昭和二十年(1945年)战败。我要将历史事实的真实故事讲给21世纪的新时代年轻人们。

……

去年辞任社长担任会长后,在一次记者见面会上,我说"40年间,没有任何值得开心的事情"。引起人们的议论。

社会上人们都说"经营者不应该这样","应该努力实现称心快意的人生"。他们"无法接受如此努力工作的中内功说出这样的话"。我的时间观念和人们有些不同是我这样回答的原因。

对我来说,只有当下,才是我的人生。在神户高等商业学校时期,我读了哲学家田边元的《历史的现实》后茅塞顿开。

"以现在为中心,过去和未来是交互关联的,我们可以认为时间是一个重叠的同心圆",是以"刹那"为单位的现在的延续。说到底"时间不是按过去、现在、未来那样一个直线方向流逝的"。

"我们的工作和生活使时间、历史成立"。"历史不仅指过去,也可以暗示现在或是未来。"

不是说21世纪会变成什么样,而是如何创造21世纪。希望年轻人能够具有主体性,开拓创造新的时代。

我将继续做我的工作,因为只有我能在20世纪和21世纪的夹缝中结合新的时代讲述这个国家战争的历史、流通革命的历史。

死去多年的战友们的呼声和呐喊给了我勇气……我的学生在社会上也取得了成功,他们安慰我说"才刚刚开始"。不论我变得多么破烂不堪,都要活在当下,继续活下去。

流通革命是为了创造人们能过上像样的生活的"人类世纪"的一条路。通过贯彻这条路,我要继续对年轻人说:

终身在职、终身学习、终身传承。

人生是一期一会的相遇之旅。我珍惜和年轻人的对话,努力活在渐渐溜走的当下。过去、现在、未来我都带着一种紧迫感。刹那生死,刹那无情。

"40年间没有任何值得开心的事情",我相信以后不会再这么想了。我的战争还没有结束,野火还在心中燃烧,燃烧着我的心。

即使我在实现梦想的途中倒下了,年轻的人们啊,请你们跨过我的尸体继续前进。通过年轻的力量的推动,流通革命的一条路将开创出几条路。我相信21世纪,流通革命这条道路会成为主流。

——《流通革命尚未终结:我的履历书》(2000)

二 作为经营者的姿态

和谁相遇，信任谁？

总的来说，经营者中内功喜欢中央集权式的经营。前面提到过很多次，被赋予了强大权限的商品部就是一个典型例子。商品部甚至介入到流通末端的店铺卖场的经营。另外，店铺的"业态转换战略"也是以集权组织为前提的战略。比如，如果发现GMS店业绩不好，迅速转变战略，把这些店铺转为TOPOS等折扣店。而对手伊藤洋加堂和佳世客在店铺业绩不好时，在改装改建的同时谋划继续开店的做法与此形成鲜明对比。

另外，本书中还未提及的"樱花前线战略"也是中内功喜欢的经营方式。1985年（昭和六十年），"新媒体潮流"最高潮的时候，为了解大荣的经营策略，我访问了情报系统部，当时他们向我介绍的就是这个战略。春天到了，樱花前线开始北上。与此同时，南部地区的店开始面向北方，北上供应春夏商品。也就是说，南部地区的商品也要在北方备齐。相反，在秋天红

在中内功纪念馆，你能够了解到经营者中内功的成就。

叶灿烂的时候，北部地区的商品开始南下。公司内部完善了情报系统，使这个策略成为可能。大荣当时在全日本已经开了超过150家店，这个战略也是具有业界第一情报系统的大荣才能完成的战略。

这些策略都表现了"店铺现场的问题在总部解决"的集权思想。这是中内功和渥美俊一一起发展起来的核心思想，使大荣有可能实现高速发展，创造出之前从未有过的流通模式。

在大荣集权组织顶层的当然就是中内功本人。他虽然是一个有能力的领导,但是如果单靠一个强大的领导,组织是不能运转的。领导人越强,就越需要一个助手。

本田的案例更容易解释和理解这一点。本田创业以来,顶层只有本田宗一郎一人,但是他身边常常有助手藤泽武夫。有一个有名故事能表明二人关系的亲密。

在本田公司内部,技术部曾经就采用水冷式还是空冷式的发动机起过争执,这件事在当时和本田社长有关系。本田推荐空冷式的发动机,但是年轻的技术人员坚决用水冷式发动机。一般情况下,最后都会采用社长推荐的空冷式,但是后来本田的助手藤泽武夫介入其中,和社长本田讨论,最终采用了水冷式发动机。(藤泽武夫《经营尚未终结》文春文库)

他说:"您觉得您在本田技研里到底是社长,还是技术人员,总要选择一个吧?"本田沉默了一会儿,回答说:"我还是应该做社长。""那我们用水冷式吧?""好的,就这么做吧。"也就是说,藤泽武夫问本田:"现在有两条路,一条是作为一名技术人员和年轻人对抗,一条是作为社长认可技术人员的选择,你选哪条?"本田听了后重新认识到自己作为社长的立场,卸下了技术人员的身份,结果自然是避免了在技术方面的冲突,消除了组织产生巨大裂痕的可能性。

像本田宗一郎和松下幸之助那样,拥有强大权力的领导才能够专制地领导公司。他们的专制领导有决策速度快,团结组织的执行力强等不少优点,但另一方面也会产生缺点。

最大的风险就是领导的判断可能是错误的,或者领导的判断容易使公司产生巨大的裂痕,最后都没有人能阻止这个决定。又或者,领导的方案不能顺利进行下去,但组织成员也只会依赖领导,丧失主见,无法做任何努力和补救,这样也会产生风险。

领导的权力越大,风险就越大,所以藤泽武夫这样的助手的存在价值才会增加。

中内功之前的助手是弟弟中内力,他离开了大荣之后,担任助手的是加古丰彦。加古丰彦是中内功在第三神户中学的同学,他毕业于神户大学,就职于川崎制铁,后来被中内功聘请过来,在1969年中内力辞职后进入大荣。他完成了中内功的期待,作为中内功的助手为公司尽职尽责。像第二部第一章中清水信次叙述的那样,他作为商务上的助手,得到了大荣内外的信任。不仅如此,他对中内功来说也是一生的挚友。正因如此,加古丰彦的去世对中内功来说是莫大的遗憾。

在这里,介绍一下担任加古丰彦葬礼委员长的中内功的感想。这篇以"喀秋莎民谣"为题的文章收录于加古丰彦追悼集编委会编纂的《热血的人——加古丰彦》(发行·加古裕子)。加古丰彦想起战后作为俘虏被扣押在苏联收容所时总会唱起这首歌。在他早逝之际，中内功将一段炽热的话语送给了加古丰彦。

文献

喀秋莎民谣

中内功

昭和六十年（1985年）2月12日，这一天对我来说是非常漫长且艰辛的一天。

在这天，一月末以来的寒冷稍有缓和，天气也不再是人们外出的阻碍。但是，在下午前往松丘町加古宅的时候，我完全是愁眉不展的。在带着加古丰彦的遗体前往楠会馆的路上，我甚至想一定要有今天吗？

我怀着这样的心情向外看，凤川堤坝的樱花树的樱花仍旧含苞待放。我为故人向来喜爱的凤川樱花还未到花期而感到遗憾，难道今天只有这一点点的温暖能够回报故人亲切的品格吗？这样想着的时候，车已经到了葬礼会场。

我至今在工作上从未有觉得"辛苦"的时候。即使几天不睡觉，即使谈判一直很困难，对我来说更像是激励。但是，这次送走故人的时候，我却觉得无比艰难。在我的人生中不会再遇到比他更好的人了，送走我人生的前辈、一生的挚友，让我觉得是一个痛苦的工作任务。

葬礼委员长,这个责任重重压在我身上。我自己也非常明白,只要稍微想到故人的事情,我就不能保持冷静。我想我再也不能听到他说"今天的预约取消了",我心中多么希望能和他再见一面。

伴随着诵经的声音响起,仪式开始了,回忆接连向我袭来。我想起虽然我们在神户三中的班级不同,但是心中都充满希望和浪漫色彩,是意气相投的好友;想起在川崎制铁时,他不仅把电脑当作计算机,还实现了使用电脑提高生产效率的划时代的工作;想起了我硬是把他这个新锐人才请到大荣来的事情;想起了东方宾馆的事情;想起了在大荣刚刚作为连锁超市上市时,他自己扛起重任的事情……

因为他为人温厚,所以不善于表达,但是我常想,在海外的证券市场上市时、发行债券时,他付出的辛劳应该比我想象到的还要多。

这时我想到了在股东总会后的董事联欢会上,他总会唱起的《喀秋莎》的旋律:

她在歌唱心爱的人儿,还藏着爱人的书信……

歌声中大概是暗含着他对在西伯利亚拘留生活的无限感慨。因为他记忆力极好,一旦唱起来就不会轻易停下。每年听的时候都在想,又唱这首歌啊。但是现在多想再听一遍,不,再听好几遍!

他离开的实在是太早了!

带着这样的心情,我必须要上台讲话了。在我发表讲话时,和故人分别的悲伤向我涌来。但是,我想我光是流眼泪的话会被他责怪。故人亲手打造且期盼的大荣集团的发展才是我们的使命,没有什么比完成这一使命更能报答我和故人多年的友情的了。

"是的",故人的遗像仿佛在给我答复。想到故人终于结束了漫长且艰辛的日子,又好像在鼓励我投身于自己喜欢的事业上,我终于能调整好心情,重新振作起来。

时至今日,《喀秋莎》已经变成了一首回忆加古丰彦的歌。同时,也成了激发我使命感的宝贵财富,让我必须忍住悲伤,继续努力,不辜负他的期望。

最后的最后,我要打心底里对给我留下了珍贵财富的一生挚友说:"谢谢你!"

《热血的人——加古丰彦》(1986)

三 思想家的热情

只要活着就要反省自己

思想家是中内功的另一面。作为一个彻底的自由主义、民主主义者，中内功给我留下了格外深刻的印象。有不少人宣扬自由民主主义思想，但是很少有人会将这一思想作为依据来展开自己的事业，甚至进军教育领域进行实践。

大荣从昭和末年开始采用本书介绍过的"多数路线战略"，有人认为这一举措加速了大荣的衰退。或许事实确实如此，但是对于中内功来说，和解决自己公司的问题相比，"日本物价下降一半""实现自由反管理教育""建立消费者（用中内功的话来说是'生活者'）中心的社会"等更加紧迫。他认为，自己作为企业家不仅有能力为解决这些问题做贡献，而且也有责任这么做。这使思想家中内功的形象栩栩如生。

这里想附上三则关于中内功热衷于教育理论的文献，由此能看出一些中内功的自由民主主义思想。

第一次中内研讨会上,中内功热情地对学生们讲话。

　　第一是"讲述'梦'的中学校长"。本文以"我选择的道路"为题刊登在1979年(昭和五十四年)9月17日的日本经济新闻上。描写了对自己在神户第三中学读书时的校长近藤英也的回忆。近藤校长对学生们说最重要的事是先确定自己的梦想。"感动上苍的强烈愿望"才是他所说的"梦",对于"自己成为什么样的人,以什么为目标生活"要下定决心。校长的这句话和中内功奉为老师的彼得·F.德鲁克注重的观点不谋而合。德鲁克的著作《非营利组织的经营(译名)》中提到,世人常常问自己"想以什么方式让别人记住你"。这是人生寻找的重点或是目的,没有梦想确实无法规划自己的人生。

　　可以说,近藤校长的话是中内功创立大学的一个出发点。

第二是"对流通科学大学的梦"[《季刊消费和流通》(1986年夏号),日本经济新闻社]。创立大学的目标当然是培育流通领域的人才,同时向社会宣扬"流通"领域的价值。因此,中内功并没有把"流通学"作为经济学、商学的一部分,而是构想并提出了一个全新的学问体系,"流通学"中包含经济学、经营学、自然科学甚至包括信息科学等。从中内功提倡这种新的流通体系就能明白他对自己起的校名"流通科学大学"寄托的强烈期待。

第三是"培育'个性'的教育"(《经济人》1990年9月号,关西经济联合会)。在开始关心教育领域后,他便贯彻强调在教育领域中的个性主义和反管理主义。他在1984年(昭和五十九年)开始的中曾根首相主导的"临教审"中也提出了这一主张,期望这一主张成为国家教育的中心。可惜力不从心,这一主张并没有实现,但将其设立为流通科学大学的办学理念。他认为每个人个性的发展才是学习的目的,从询问"自己想成为什么样的人","自己想怎么活着"开始学习。在中内功提倡的新的教育理念中,我们能够了解到中内功民主自由思想之深刻。

文献（一）

讲述"梦"的中学校长

中内功

我想，战争的经历和中学时代接受的教育影响了年少时期的我。

我出生于大正十一年（1922年），开始懂事时正处于昭和大恐慌时期。总之，印象中，我的人生开始于一个非常阴郁的环境。

当时，我家住在神户市川崎造船厂前面，在下町的尽头。我的父亲在这个城镇上开了一间小药店。一楼都是店面，二楼是四张半榻榻米和六张榻榻米大小的房间，在这里养育了兄弟四人。

在黑暗的时代里，富山一带开始的大米骚动波及神户、贺川丰彦的基督教集会、铃木文治的友爱会开设的活动等，印象中发生了很多事情。

在这样的世态中，我家的小药店每天都有客人，每天的销售额有5日元或10日元左右。每天都能卖出东西，只要开店就一定有钱赚，对当时还是孩子的我来说觉得特别地不可思议。我还记得我一边给店里帮忙，一边热情地招待花5钱或10钱买东西的顾客，并从这些顾客那里得到1钱或2钱的零花钱。

因为小学的时候不太擅长学习，所以觉得应该很难上一中，二中也比较勉强，三中的话应该是有希望的。就这样，我进入了兵库县立第三中学，也就是现在的长田高中。并且，非常幸运的是，三中对我有着很大的影响。

让我能进入三中的是近藤英也校长。我进入三中的时候学校正好遭遇火灾，30多间教室被烧后一年才恢复入学。当时应该是昭和九年（1934年）的春天，我在临时校舍的入学仪式上见到了近藤英也校长，并且听了他的讲话。他称呼学生们为"诸位"。

"即将进入三中的诸位，你们一定要掌握入学的第一把钥匙。如果不能掌握这把钥匙，即使好不容易入学了也只是徒劳。"

他的话让我感动，让我内心振奋。

"掌握入学的第一把钥匙就是要树立'梦'。'梦'就是渴望接受中学教育，成为一名成熟出色的国民，成为国家的中坚力量。"

成为中坚力量在当时是一个特殊的想法，那是个鼓励人们成为将军或者大臣的时代。中坚力量支撑日本的想法或许正是近藤校长的教育原点。

"微小的梦想或者只是某种冀望不能称为'梦想'。能够感动上苍的十分强烈的愿望才能算是'梦'。更深层次去理解，'梦'

应该是自己领悟的一件大事,而不是从别人那里得来的或是别人告诉你的。虽然听取父母兄长、老师的意见,接受指导也很重要,但是到底隔着一个时代,关于自己想要成为什么样的人,想以什么作为生存的目标,必须得是自己深思熟虑的结果。"

自由且严厉,严厉且自由。

"如果不是这样的'梦',也没有'行'的必要。进入学校也是徒劳,没有无的放矢的必要。人会出生两次,一次是身体的出生,一次是'梦'的出生。第一次的出生是只作为一个动物出生,第二次出生才是作为人出生。没有'梦'也就没有为人的意义,不过是醉生梦死之徒罢了。"

实在是很严厉,但又真实。

"这个'梦'是打开三中教育大门的钥匙,更是开启一个人命运的钥匙。因此,可以说这是开启人生的第一把钥匙。"

我激动地听着近藤校长的话,在我的眼前出现了一个气宇轩昂的世界。校长所说的"行"是指"修行"。校长告诉我们有了"梦"就一定要去"修行"。

在现在的县立长田高中,把第一任校长近藤英也的这一教学理念印成了一本书,也在每年的入学仪式上发给每一个新生。我觉得这真是一件很好的事情。

受三中教育的影响,想去海外的我为了进入商社,进入了神户高商。但是,由于战事变得激烈,已经不再是能去上大学的好时候了。最后完全是违背本意地被带到海外,加入了军队。

我加入的是关东军野战重炮队,从守备"满洲国境"转移到菲律宾。其间,我完全厌倦了悲惨的战争。

总之,每天都在与想要一了百了的想法拼命斗争。死是最轻松的事情,在很多时候都已经无法简单地用任何一个词语来形容活着的苦痛。因此,要打消去死的念头是非常困难的事情。

在这段经历中,我获得的唯一一个启发就是在这个世界上,人与人之间是如何互相信赖的,在这个世界上只有信赖这一条路可走。

这正好和我中学时代所接受的教育相通。"信赖"和"梦"确是相通的。

《日本经济新闻》1979年9月17日

文献(二)

对流通科学大学的梦

中内功

人们常常问我"生意人怎么能开学校呢?"确实,大家都认为生意人的本分就是坚持自己所得就够了,我也觉得这样做好就很出色。但是,我想走与之不同的路。

我出生长大的神户,那里的前辈们留给后世的不是良田而是学问。神户自古以来就有这种风尚,我也想学习这一风尚。作为百年之计,我要培养支撑流通领域的人才。这才是我要将一生贡献给流通领域,祈求流通发展的梦想。

那么,我为什么要拘泥于流通呢?这是因为,在寻找面向21世纪"世界之中的日本"的理想状态时,我发现流通具有非常重要的意义。时至今日,只考虑日本利益的这种小国理论已经不通用了。生产地扩大到全世界,作为先进工业国的一员和发展中国家一起向能够"共存"的产业构造转型变得更加重要。其中,作为生产和消费的连接点,流通的职责的重要程度一定会增加。这不仅是由国内生产和消费的连接点,还是由世界生产和消费的连接点所决定的。流通学没有先例可循,是划时代的举措。

在之前经济高度增长时期,流通革命论就曾被广泛讨论过,但在当时讨论的仅仅是作为媒介的流通。在那个时期,人们常常挨饿,满足温饱是整个生活最大的目标。在任何方面都是"制作方理论"优先,只要求流通能够做到将厂家生产的东西流向消费者。流通在当时是没有主体性的。

但是,时代在变化。人们的"温饱"被满足,需求变得多样化。

个性化时代拉开了帷幕,"使用方理论"开始兴盛。在这样的时代中,如何捕捉时刻变化的"需求"成为最大的问题。21世纪后,这个倾向会变得越来越明显。

在这种情况下要求的流通不再只是中介的职责,而是要接受消费者日益多样化、个性化的需求,将这一信息传递给生产者,使信息商品化,在消费者需要时让消费者能以合适的价格买到他们所需要的,也就是协调生产者和消费者双方的职责。流通的定位和之前完全不同了。

流通的要求明明发生了这么大的变化,但是为什么还没有将流通作为学科的大学呢?在现有的大学中,不过是把流通看作为经营学或商学的一部分。然而,将来需要的不是这种片段式的流通,而是把流通作为一门不只停留在经济学、经营学、商学,还要结合自然科学、社会科学、人文科学乃至信息操控、系统工学等多个学科相关的学问。我想要成立流通科学大学的理由也正是基于这一点。

因此,我认为应该要把这所大学打造成一个"开放式大学"。关于大学的开放性,在之前的临时教育审议会上已经再三讨论过了,到现在也仍是高等教育的一个重要课题。我们不能否定的是现在大学内部已有的各个学科对外是非常封闭的,比如,大学里几乎没有大学之间的学分交换制,也不积极接收留学生,甚至与各产业的协同发展也不顺利。如果是在"变化少的时代",大学或许还可以进行下去,但是,当下时代的变化激烈,今后将是"没有界限的时代"。国家之间,产业与产业之间,男女之间的界限都将慢慢消除,未来将是一个各种活力的元素相互刺激、碰撞、交融的新时代。比如,现在商品交换已经没有国境界限、人与人之间没有国境的时代也在慢慢靠近。正是在这个即将到来的时代中,建设一个"开放式大学"显得尤为重要。

我想抛弃从日本看世界的视角,希望从"世界中的日本"的视角将这个大学建造成"国际性的开放大学"。如果东京是面向欧美的门面,那么京阪神应该是面向亚非的门面。其中,神户市作为最开放的国际都市,很有可能成为亚洲信息中心。我的目标是将流通科学大学作为其核心,打造成面向亚洲开放的大学,接收留学生,也积极聘请外国教授,当然也重视包括英语在内的语言学。课程方面,补充国际资源论、国际商品市场论、国际物流论等注重国际化的学科。我认为,真正的国际人应该是通过和不同的人种交流,了解不同性质的文化后培育出来的。

从产业和大学协同发展的观点上来说,我希望把这个大学建成"向产业界开放的大学",将来的大学必须和产业进行共同研究。学生如果只待在象牙塔里,是无法适应迅速变化的社会的。只要是有才能,即使是普通人我也聘请他们当教授,并打算邀请企业经营者等有专业知识的人来做讲师。另外,设置夜间讲座和集中讲座,对百姓开放,让学生到企业实习。我相信通过和产业的直接交流,这个大学将成为一个能做对社会有帮助的教育和研究的实学场所。

我希望在这所"开放式大学"中学习的人能为世界各国的生活和文化的发展做出贡献。在思考21世纪里"世界中的日本"时,只要日本发达就可以的观念已经不通用了。不仅要在日本的角度上思考,还必须要有从世界看日本的视角。通过研究,我希望流通科学大学能够培育出流通革命真正需要的人才。

《季刊消费和流通》1986年夏号

文献(三)

培养个性的教育

中内功

"创造这个大学历史的人是你们自己。"

前年,在神户西边的一角,正逢流通科学大学开学之际。每次在欢迎新生入学时,我都会这样向他们强调。

比如,流通科学大学没有校章、校旗和校歌。并不是说这些没有必要,事实上,教职员工里也对学校没有一个正式标志而怨声载道。

但是，学校单方面决定，通知学生"这是学校的校章、校旗、校歌"，我坚决不想以强加给学生的管理主义来管理学校。

在学校漫长的历史中，应该由学生来创作符合学校理念的校章、校旗和校歌。我希望大家都能重视这个过程。

前几天说到要在体育课上穿的T恤上应该印什么图案。这时，不应该是校方决定采用哪种设计方案，而是提出几个设计提案让学生们投票选择。投票要求采取记名式，那是因为学生们应该对自己的行为负责。

校章、校旗和校歌不过是一个例子。在其他方面，学生自己都具有选择的主体性，学生自己也应该对其结果承担责任。我希望以这种方式来管理大学，这也是以后要努力达到的目标。

我认为，这不仅仅是我们大学的问题，摆脱管理主义，培育"自主自律的精神"才是对今后日本教育来说最重要的事。

"……明确这次改革的方向是'统一主义到个性主义的胆大心细的转变和改革'。确定个性主义是个人尊严，尊重个人，自由，自律，确立自我责任的原则。……"

这是我在昭和六十年（1985年）2月11日临时教育审议会第一部会开会时彻底讨论自由化论后发表的一部分笔记。

后来"个性主义"变成"尊重个性"，最后再变成"重视个性"这种狭义的词语。后来,临教审的任务完成,不到三年时间,连"重视个性"的痕迹也消失了,管理主义以各种各样的形式活跃在报纸上。

……

我决定将"个性主义"作为教育改革的原则,是因为我相信这一直以来都是正确的。只要坚守不给别人添麻烦的基本准则,人就是自由的。

大学如此,小学、初中、高中也基本相同。教育本身必须从培养符合上层强制规定的框架般的统一教育,转变为重视每个学生个性的教育。

如果从大的视角捕捉时代的潮流,就可以说20世纪是工业化的时代。

这个时代里,效率成了最重要的课题,但人的个性被否定,失去了人的颜面,是一个"非人化"的时代。

21世纪是人们拿回自己失去的颜面的时代,关键词是"人性"(humanization)。必须是一个以人为主考虑所有事情的时代。

因此,必须要大胆地从"制作方理论""卖方理论"转换到"使用方理论""买方理论",从"教授方理论"转向"学习方理论"。

那在流通领域中,"消费者"是被强制接受厂家制造的产品的客体的定义已经太陈旧了,应该使用按照自己的意愿打造自己的生活方式的"生活者"一词取而代之。

"教育"一词也应该被否定。因为这和学习方的个人意愿无关，强制意味浓烈。将来应该是学习方按照自己的目的和意愿主动学习，强调主体学习的"学习"一词终将成为主流。

学习这件事没有年龄限制。在人生的八十年光阴中，不只是到大学的这段时期能够学习，只要活着就应该要继续学习，"终身学习"思维观念渐渐普遍起来。"学习即生存"的时代正在到来。

学习的根本是每个人对知识的好奇心，也可以说是学习意愿。这个意愿和"我能做什么""我要怎么生存"的自我存在意义相关，成为终身学习的基础。

然而，在21世纪的准备期（20世纪90年代）我们必须要认真思考一下这个只让人觉得是削弱学习意愿的现行教育的根本改革。

现在，世界在历史的巨大浪潮里，各国都在摸索新时代下的新结构。作为世界第二经济大国，日本在今后应该发挥越来越大的作用。

将来需要的不是只考虑日本自身发展的视野狭隘的人，而是具有全球化思想的，能够作为"世界中的日本人"活跃在世界舞台上的人才。

能够鲜明地表达自己个性的人、能够站在他人立场上思考的人、灵活应对变化的人、充满创造性的人……现在需要的是能够培育出这些人才的大学教育。

日本是教育的圣地，这种教育租界的风气根深蒂固。只有打破这一观念，思考什么才是教育和社会共同前进的理想状态，才是教育改革的第一步。

《经济人》1990 年 9 月号

谢词

在本书的写作过程中，承蒙多方的帮助，感谢大家在百忙之中抽出时间接受我的采访，我才得以了解书中提到的诸多宝贵事实，完成本书的写作。其中，特别感谢诸位允许我直接引用采访时的对话，在此列举他们的名字以表达感谢之情。

伊藤洋华堂名誉会长伊藤雅俊，永旺名誉会长顾问冈田卓也，LIFE有限公司代表董事会长兼CEO清水信次，ARKS集团的代表、董事长、社长/新日本超市协会会长横山清，Yaoko代表董事会长川野幸夫，全日本超市协会（AJS）名誉会长（前会长）荒井伸也，Kasumi董事会长小滨裕正以及曾担任中内功秘书室长、现FANCL董事副会长执行理事宫岛和美。还有，和中内功从千林店就一起打拼的末角要次郎，原大荣副社长担任中内学园专务理事的川一男，原大荣常务董事担任流通科学大学事务局长的岩谷尧，中内功的左膀右臂、负责调查编纂工作的元冈俊一和大沟靖夫，以及担任大荣副社长已故河岛博秘书的中间德子。研究者中有，流通研究第一人石原武政（大阪市立大学名誉教授），对企业家中内功了如指掌的博学现代流通史的矢作敏行（法政大学名誉教授），最后采访中内功、刻画了中内功革命家形象的松岛茂（东京理科大学教授），现代流通的辩论家结城义晴（商人舍代表）。

另外，在流通科学大学的相关人员中，以理事长、校长中内润为首，副校长福井诚和藤井启吾，前流通科学大学研究科科长、现关西大学教授崔相铁，流通科学大学同窗会组织一代、二代会长岩崎健二和永田知靖等流通科学大学的相关人士也接受了我的采访，并请他们过目了本书的初稿。另外，流通科学大学事务长大野康人、总务人事室次长津田雅世及平江文乃等人帮忙收集和整理了相关资料。

借此机会，对以上各位表达衷心的感谢。

能够得到各位热情的帮助，说到底是因为中内功先生在实业和教育领域中构筑的人际网络。从这种意义上讲，可以说这本书正是"中内功人际网络"的馈赠。

最后，通过研究中内功也弥补了我在现代史和社会理论方面的知识空白，我想对此表示感谢。再一次衷心感谢给予我这次宝贵机会的PHP研究所以及给我支持和帮助的编辑藤木英雄。

2017年2月，在得到初春阳光的信州的早上作者记

"企业家中内功" 简略年表

公历	和历	年龄	相关事项	社会状况
1922	大正十一年		8月2日，作为父亲中内秀雄，母亲里绘的大儿子在大阪府西城郡出世。	2.6华盛顿海军条约。
1926	昭和元年	4岁	搬到神户市兵库区，父亲的荣药局在东出町开业。	12.25大正天皇驾崩，改年号为昭和。
1928	昭和三年	6岁	4月，进入神户市立入江寻常小学读书。	4.10日本工商会议所成立。
1934	昭和九年	12岁	4月，升入兵库县立第三神户中学（现长田高中）。	7.8冈田启介内阁开始组阁。
1941	昭和十六年	19岁	12月，于神户高等商业学校（现兵库县立大学）提前毕业。	12.8太平洋战争开始。
1942	昭和十七年	20岁	3月，考取神户商业大学失败，之后进入日本棉花（现日棉实业）。	6.5中途岛海战。
1943	昭和十八年	21岁	1月，参军后进入中苏国境守卫队，第二年夏天前往菲律宾，在残酷的战争中拼命活下来。	2.1日军从瓜达尔卡纳尔岛撤退。
1945	昭和二十年	23岁	11月，在鹿儿岛县加治木港复员，之后在神户老家帮忙家业。	8.15昭和天皇讲话。
1947	昭和二十二年	25岁	进入神户经济大学（现神户大学）第二课程（夜校）（1950年退学）。	5.3日本宪法实施。
1951	昭和二十六年	29岁	8月，父亲将荣药品设立在大阪市东区平野町，二儿子中内博、小弟弟中内力开始和中内功一起帮忙家业	9.8旧金山条约。

公历	和历	年龄	相关事项	社会状况
1952	昭和二十七年	30岁	11月，和万龟子结婚。	8.13日本加盟IMF。
1957	昭和三十二年	35岁	4月，大荣药品工业（株）设立于神户市长田区片山町。 9月，大荣药局一号店大阪市旭区千林站前开业。	这一年日本经济开始萧条。
1958	昭和三十三年	36岁	神户三宫二号店"主妇的店大荣"开业。	4.5长岛茂雄选手第一次出场，担任第四棒三垒手。
1961	昭和三十六年	39岁	三宫店铺面积（卖场面积）扩大。	1.20美国总统肯尼迪就职。
1962	昭和三十七年	40岁	5月，第一次访美，出席全美超市大会。	10.5甲壳虫乐队横空出世。
1963	昭和三十八年	41岁	3月，进军九州福冈（天神），之后提出"濑户内海项链构想"，进军中四国地区。	11.23美国开始电视宇宙中继实验。
1964	昭和三十九年	42岁	开始和花王香皂、松下电器对抗。	10.10东京奥运会开幕。
1967	昭和四十二年	45岁	8月，设立日本连锁超市协会并担任会长（至1976年）。	3.6日本航空环球一周路线的正式开始。
1969	昭和四十四年	47岁	年初，小弟弟中内力（曾担任大荣专务）退出大荣。 宣布"流通元年"，发行《我的贱卖哲学》（同年自己决定停止出版）。	1.18-19东大安田讲堂事件。
1970	昭和四十五年	48岁	父亲中内秀雄（大荣会长）去世。	3.14在大阪的世界博览会开幕。
1971	昭和四十六年	49岁	3月，在大证二部上市。 10月，第一次访华。	8.15美元冲击。
1972	昭和四十七年	50岁	1月，成为日本在大证一部上市的销售额最高的零售业企业。 3月，大荣宣布"阻止物价上涨运动"，发表了请求废除百货店法的声明。	2.19联合红军浅间山庄事件。

公历	和历	年龄	相关事项	社会状况
1973	昭和四十八年	51岁	接续去年，进行了"第二次阻止物价上涨运动"。	10月，第一次石油危机。
1975	昭和五十年	53岁	4月，东京黑目区碑文谷店开店，想要向生活情报产业转换。 12月，和花王香皂的对抗停止，和花王开发商店品牌商品。	11.15第一次发达国家首脑会议开幕。
1978	昭和五十三年	56岁	这一年，大荣为对抗NB商品（national brand）开发了"NO BRAND"。	5.20成田机场开始通航。
1980	昭和五十五年	58岁	这一年，开发了大荣PB商品"Sale Big"。	汽车生产台数达世界第一。
1982	昭和五十七年	60岁	9月，担任大荣代表董事会长兼社长。	11.27中曾根康弘内阁成立。
1984	昭和五十九年	62岁	9月，担任临时教育审议会委员，倡导"个性主义"等教育理念。	1.9日经平均股价第一次达到1万日元。
1988	昭和六十三年	66岁	1月，担任学校法人中内学园学园长兼理事长。 11月，福冈大荣Hawks诞生，80年代后，面向生活提案型产业的具体化，也积极进军流通以外的领域，采取多数路线战略。	6月Recruit事件。
1990	平成二年	68岁	担任经团联副会长。	海湾危机开始。
1991年	平成三年	69岁	这一年，企划并实施"纵贯中国到苏联内陆地区"的调查项目（流通科学大学中国东北部·苏联远东部调查队）。	4.1牛肉橙子自由化。 这一年泡沫经济崩溃，平成经济突然不景气。
1992	平成四年	70岁	收购Recruit。	6.15国际和平协作法成立。
1993	平成五年	71岁	11月，被授予勋一等瑞宝章。	8.9细川护熙内阁成立。
1995	平成七年	73岁	1月，阪神·淡路大地震（1月17日上午5时46分）后在大荣设置灾害对策总部，最快开始救援活动。	1.17阪神·淡路大地震。

公历	和历	年龄	相关事项	社会状况
1997	平成九年	75岁	9月，为纪念流通科学大学创立10周年的中内纪念馆（现中内功纪念馆）开馆。	11.24山一证券自主停业。
1999	平成十一年	77岁	1月，辞任大荣社长，成为会长。	3.27日产和雷诺资本合作。
2000	平成十二年	78岁	10月，辞任会长，担任大荣董事最高顾问。	4.1实行地方分权总括法。
2001	平成十三年	79岁	1月，辞任大荣董事，成为名誉职位创始人。9月，在流通科学大学"中内研讨会"开讲。	4.26小泉纯一郎内阁组阁。9.11多处出现恐怖袭击。
2004	平成十六年	82岁	7月，获得普通汽车驾照。	4月，国立大学独立行政法人化。
2005	平成十七年	83岁	9月19日上午九点半与世长辞。	4.1个人情报保护法全面实施。

*按照到生日时年龄增长一岁的方式计算年龄。

写在PHP经营丛书"日本的企业家"系列发行之际

本套丛书介绍了像日本明治时期的涩泽荣一那样优秀的几位企业家。他们将日本商业在中世纪和近代的奋斗精神发扬光大，引领了近代的发展。日本在昭和时期饱受战争之苦，此后能快速复兴正是因为这些企业家的不懈努力。他们团结和领导人们，为实现社会富裕作出了杰出的贡献。1946年（昭和二十一年）11月创立本公司的松下幸之助就是其中的一人。他一方面励精图治致力于经营事业，另一方面又以"人乃万物之灵"为理念，通过本公司的各种活动向世人展示了繁荣、和平、幸福的美好愿景。

我们秉持着尊敬这些创时代的企业家的态度，汲取他们的人生智慧。在了解这些优秀企业家之后，通过他们的人生经历和经营历史一定会获得现实性的启示。秉承这种信念，为纪念公司创立70周年，决定发行PHP经营系列丛书。在策划本套丛书时，首先选取了活跃在日本近现代，重视经营理念的企业家们，一人做成一卷。松下幸之助以展现言微旨远的寓意为初衷，将宣传图标设计为两匹头部相对、在天空翱翔的飞马，给人以尊重个体、旨在和谐的印象。"以史为鉴可知战略，洞察人心"——基于史实和研究成果所撰写的本套丛书如蒙钟爱，我们将不胜欣喜。

股份公司PHP研究所

2016年11月